Über dieses Buch

Wer kennt nicht Leonardo da Vinci, den Maler, Bildhauer, Architekten, Techniker, Anatom, Zeichner und Naturforscher, das Universalgenie der Renaissance? Aber als Fabel- und Märchendichter wartet er auch heute noch auf seine Entdeckung.
Erstmals ist dieses unbekannte Œuvre in der vorliegenden Ausgabe versammelt: das Bestiarium, die Fabeln und Schwänke und seine Prophezeiungen – bizarre Produkte seines unermüdlichen Geistes, kunstvoll und wunderbar und doch nur Widerspiegelungen der Wirklichkeit. Kleine Werke des großen Meisters, »von wohlüberlegter, subtiler Weltklugkeit, und sie laden uns auf eine Phantasiereise ein, bei der Engel ebenso fehlen wie Teufel, ein Theater des Wunderbaren, das uns die Augen für die Schönheit und Harmonie des Universums öffnet, ganz ohne den mystischen Rauch oder den lehrerhaften Zeigefinger der herkömmlichen Fabeldichter«. (Luigi Malerba)

Literatur · Philosophie · Wissenschaft

Leonardo da Vinci

Der Nußbaum im Campanile

Mit 9 Zeichnungen von Leonardo da Vinci

Deutscher Taschenbuch Verlag

Herausgegeben und aus dem Italienischen übersetzt
von Isolde Rieger.
Mit einem Nachwort und einer Zeittafel.
Das Vorwort von Luigi Malerba wurde übersetzt
von Moshe Kahn.

Titel der Originalausgabe:
›Leonardo Bestiario · Favole‹

Juni 1991
Deutscher Taschenbuch Verlag GmbH & Co. KG, München

Umschlaggestaltung: Celestino Piatti
Umschlagbild: ›Ein Lilienstengel mit Blütenkrone‹
von Leonardo da Vinci
Gesamtherstellung: Kösel, Kempten
Printed in Germany · ISBN 3-423-02283-3

VORWORT
von
LUIGI MALERBA

Leonardo da Vinci war eine der herausragenden Gestalten der Prämoderne. Fraglos waren sowohl seine Erscheinung wie seine Wirklichkeitsnähe von entscheidendem Gewicht. Doch als Fabel- und Märchendichter wartet er auch heute noch auf seine Entdeckung, und das wiederum führt uns zu ein paar kurzen Betrachtungen und zu nicht geringen Verwirrungen. Die Geschichte seiner handschriftlichen Manuskripte ist ein Vorgang, der sich ohne Unterbrechung seit nunmehr dreihundert Jahren fortsetzt: gewinnsüchtige Erben wie militante Cartesianer haben den verschiedenen Codices Leonardos unter oftmals abenteuerlichen Umständen nachgestellt, haben tausende von Blättern, die irgendwo in Bibliotheken aufbewahrt werden, durchforscht und entziffert und den Versuch unternommen, sie zu Traktaten und eigenständigen Büchern zusammenzufassen. Zugleich aber haben sie die *Fabeln* und das *Bestiarium* stillschweigend außer acht gelassen.

Noch heute gilt die Fabel als eine zweitrangige Gattung der Literatur. Von den Akademien wird sie vernachlässigt und in den Literaturgeschichten taucht sie gar nicht erst auf. So wird sie unachtsam und unbedacht den Mythenforschern und Anthropologen überlassen und in denselben Sammelkorb geworfen, in dem sich bis zum Rand bereits fossile Funde, behauene Kiesel und Vulkangesteine befinden. Die Fabel war bei den Waldbewohnern und Jagdvölkern der Vorzeit im Gebrauch und hatte dort die Funktion, die Zeit ihrer dunklen, endlosen Nächte zu verkürzen oder sie wurde ins Reich der unwissenden, unbeschwerten Kindheit verwiesen: mithin war sie eine viel zu unbedarfte Gattung, die einem so großen Mann wie Leonardo nur schlecht anstand.

Der Entschluß, die *Fabeln* und das *Bestiarium* in einem einzigen Band vorzulegen, könnte daher als eine elegante, aber unvorsichtige Leichtfertigkeit, als ein Lektüreangebot von subtiler Impertinenz eines Verlegers erscheinen.

Die Schwierigkeit, diesem Fremdkörper im weit gespannten, bunten und keineswegs einheitlichen Schaffen Leonardos da Vinci einen angemessenen Platz einzuräumen, hat bis heute nur verlegene Zurückhaltung hervorgerufen. Unter den hundert Gesichtern Leonardos ist das des ›naiven‹ Märchen- und Fabeldichters wohl das, mit dem man sich am wenigsten anfreunden kann, ein Gesicht, das ebensoviel Unbehagen und Verlegenheit auslöst wie das Lächeln auf seinem bekanntesten Bild.

Und dennoch erkennen Leonardos Fabeln die naiven Satzungen der Phantasie an, ohne seiner Bedeutung als scharfsinnigem Forscher und seinem klugen Umgang mit der Natur Abbruch zu tun. Leonardos Kosmologie ist in ihrer Untersuchung wirklichkeitsbezogen, doch als endgültiges Ziel hat sie Phantastisches im Auge: das Ergebnis seiner Naturforschungen ist niemals nur reine wissenschaftliche Erkenntnis und noch viel weniger ein wirklichkeitsgetreues Abbild der Welt (das konnte es bei einem derart hervorragenden ›Dilettanten‹ wie ihm auch gar nicht sein), nein, seine Kosmologie ist eine große Parabel, zu der nicht nur alle seine abgeschlossenen Arbeiten gehören, sondern auch seine Entwürfe und Maschinen. Hatte er es sich nicht zum Ziel gesetzt, den Wind zu malen? Die schäumend wirbelnden Bewegungen des Wassers? Hatte er etwa nicht den Beweis erbracht, der unübertreffbare Meister in der Darstellung des schlechthin als undarstellbar Geltenden auf der Leinwand zu sein, nämlich des Lächelns? Hatte er etwa nicht den Plan, ein Reiterstandbild mit einem sich aufbäumenden Pferd für Francesco Sforza in Bronze zu gießen? Hatte er nicht den Vogelflug erforscht und den fliegenden Menschen vorausgesehen?

Für einen Künstler und Wissenschaftler wie Leonardo stellt die Natur nicht nur ein Terrain für strenge Untersuchungen und abenteuerliche Erforschungen dar, sondern ist zugleich der Ort, an dem neben der menschlichen Anatomie und den Sonnenfunken zugleich auch Träume, Luftspiegelungen, Wunderbares und Bizarres, Ungeheuer, verborgene Geisterwesen und alles Widersprüchliche beheimatet sind, die alle zusammen die Vernunft auf eine harte Probe stellen, sofern sie nicht von der Vorstellungskraft gestützt wird. Das, was in seinen Schriften ekstatisch als reine Forschung oder wissenschaftliche Prophezeiung gedeutet wird, ist möglicherweise nur das Ergebnis einer zweifelhaften Lesart seiner phantastischen Vorstellung vom All. Die Wirklichkeit übertrifft sich selbst, und mit seiner unersättlichen Erforschung der Natur entwickelt Leonardo vor uns, Blatt für Blatt, das Projekt seiner eigenen phantastischen Enzyklopädie. Warum sollte man also darüber in Erstaunen geraten oder sich gar entsetzen, daß er Fabeln geschrieben hat, zumal sie durchaus nicht die Höhepunkte seiner Phantasie darstellen?

In seinen didaktisch klugen und zugleich äußerst prägnanten Schriften versäumt es Leonardo nicht, sich immer wieder die eine beunruhigende Frage zu stellen, die sein ganzes Werk durchzieht: Wie ist die Welt beschaffen? Diese Frage verweist auf eine andere, nicht weniger beunruhigende: Welchen Sinn hat diese Welt? Natürlicherweise kann derjenige, der die Metaphysik aus seinen Anschauungen verdrängt hat, es sich erlauben, Fragen zu stellen, ohne sie zu beantworten. Er kann sich auf Teilantworten beschränken oder seine Fragen in für sich selbst stehende Vorstellungsgebilde, in phantastische Fragmente einer höheren, unerforschlichen Ordnung umwandeln. Leonardo konzipierte seine Schriften als Abbild und Gleichnis des Umfassenden, der Totalität, und stellte in ihnen die Gesetzmäßigkeiten eben dieses Umfassenden dar, ohne aber damit das Geheimnis zu zerstören, das den schmalen Weg zur Erschütterung des Forschers im Namen ›unendlicher Gründe, die nicht der Erfahrung unterliegen‹, versperrt. Die Gründe, von denen Leonardo bei der Ausführung seines schriftstellerischen oder künstlerischen Werks und des überbordenden Corpus seiner ›Arbeitstagebücher‹ bestimmt wird, heben jedoch niemals die Phantasie auf, sondern stellen deren hypothetische Annahmen vielmehr auf eine vernünftige Grundlage, machen deren Intuition geltend und definieren deren Umrisse und Erscheinungsformen. Der Esel, der sich auf einen zugefrorenen See zum Schlafen legt und ertrinkt, nachdem er durch seine Körperwärme das Eis zum Schmelzen gebracht hat, ist zwar eine Lektion der elementaren Physik, vor allem aber eine Lehrfabel über die gar so ›menschliche‹ Unkenntnis des eselsohrigen Darstellers.

Auf der Fabelbühne Leonardos da Vinci bewegt sich eine furchterregende Gestalt, die den Namen ›Gesunder Menschenverstand‹ trägt. Wegen ihrer Gefährlichkeit wird diese Gestalt von den Göttern ausschließlich solchen Schriftstellern anvertraut, deren Weisheit und philosophische Einsicht anerkannt sind (»Diese unsere Seele, die wir auch gesunden Menschenverstand nennen, hat, dem Bekunden der Philosophen zufolge, ihre Wohnstatt inmitten unseres Kopfes«). Damit wird deutlich, daß Leonardos Fabeln keineswegs Paradoxa oder Abweichungen von der Norm aufstellen. Vielmehr stellen sie die Norm selber dar: man verletzt nicht ungestraft die Regeln der Natur und den gesellschaftlichen Verhaltenskanon, der sich seinerseits wieder an ihnen orientiert. Jedem Ding und jedem Lebewesen in der Schöpfung kommt ›naturaliter‹ seine Rolle zu, und an diese müssen sie sich halten. Der Märchenerzähler und Fabeldichter Leonardo tritt der Unordnung, dem zerstörerischen Hang zum Urchaos, der blinden Wut und der Bedrohung des Zerfalls entgegen. Die unglückliche Weide will aus Eitelkeit ihre herabhängenden Zweige zum Himmel emporheben, der ehrgeizige Falter kommt in die Nähe der Kerze und verbrennt sich die Flügel, die Ameise verzichtet klugerweise auf das gefundene Hirsekorn, damit es im Erdboden keimen und sie später um so mehr Körner einsammeln kann: das Gericht der Natur ist unnachgiebig in der Bestrafung dessen, der ihre Gesetze übertritt, aber anders als die Gerichte der Menschen verteilt sie Preise an den, der sie beachtet. Die Logik der Naturbeziehungen verhält sich symmetrisch und komplementär zu den ethisch-moralischen Beziehungen und ist auf eine glückliche Ordnung gerichtet, die in der Philosophie Leonardos vom Menschen gestaltet werden muß, der der Mittelpunkt und die Krone der Schöpfung ist. Die kopernikanische Revolution hat unseren Planeten seiner zentralen Stellung bereits enthoben, aber sie hat nicht die zentrale Stellung des Renaissancemenschen berührt.

Im Unterschied zu den Fabeln und Bestiarien des Mittelalters, die immer wieder auf übernatürliche Geister verwiesen, entwerfen die Texte Leonardos eine Welt, die alle ethischen Instanzen in sich schließt. Das *Bestiarium* beschreibt beispielhaft die Verhaltensweisen der Hauptdarsteller (im negativen wie im positiven Sinn), es berichtet über sie, zählt sie auf, vor allem aber enthüllt es sie, und dies geschieht in Form eines Schubfachdenkens, nach Naturaxiomen, die sich aus einer in der irdischen Ordnung implizit enthaltenen Wissenschaft ergeben. Die kurzen Kapitel des *Bestiariums* stellen Fragmente dieser Ordnung dar, sie versagen sich jeden mystisch-symbolischen Fingerzeig und entwikkeln so eine literarische Form, die zwischen Forschung und Erfindung, zwischen Wissenschaft und Legende angesiedelt ist: sie zwingen die Götter der Wahrheit, mit den Göttern des Märchens ein Bündnis einzugehen.

Als Renaissancemensch und Vorläufer der beginnenden Moderne ist sich Leonardo völlig im klaren darüber, daß die Ordnung auch bereits ihre Umkehrung enthält. Die Söhne des Himmels im alten China vertraten von der Höhe ihrer Zivilisation aus, die von wagemutigen Techniken und zähbeißigen Verzögerungen gekennzeichnet ist, die Ansicht, daß die Wissenschaft ein Ergebnis der Verwunderung sei. Möglicherweise ist das übertrieben. Aber ebenso ist es möglich, daß das im Abendland mit Hilfe der Wissenschaft zusammengeraffte Erkenntnismonopol auch nur ein Trick ist, mit dem wir uns selbst zu täuschen versuchen, da auch der Wissenschaft Grenzen gesetzt sind, und der letzte Grund aller Dinge uns verborgen bleibt. Die Geographie und Geschichte Europas werden von dieser tröstlichen, progressistischen Täuschung durchdrungen, deren Leonardo sich schweren Herzens bewußt ist. Drei Jahrhunderte nach Leonardo hat Henri Poincaré, im Widerspruch zu dem berühmten, von Goya in den *Caprichos* überlieferten Satz, behauptet, daß die Logik, eine Tochter der Vernunft, würde sie bis an die äußerste Grenze getrieben, »Ungeheuer hervorbringt«. Wenn ein Künstler wissenschaftliche Forschung betreibt, dann bringt er keine Ungeheuer hervor, sondern Phantasien und Märchen: darin liegt die Rache, die die Kunst an einer unzureichenden Vernunft nimmt.

In den *Fabeln* und im *Bestiarium* erscheinen auch unwahrscheinliche, legendäre oder allegorische Tiere, die nicht mehr von der Beobachtung, sondern von der literarischen und enzyklopädischen Tradition (Cecco von Ascoli, Plinius der Ältere) eingefangen worden sind, wie etwa der Catoplea, »von größtem Unheil für die Menschen, weil jeder, den sein Aug erblickt, sogleich stirbt«, oder wie der Basilisk, der mit seinem Blick das Gras verdorren läßt und Steine zersprengt. Sind diese per definitionem phantastischen Tiere Teil unserer Welt? Oder sind sie nur als literarische Interpolationen zu verstehen? Sind sie pathologische Äußerungen der Natur oder rhetorische Beispiele? Auch wenn die Tradition den Basilisken mit Mythen und Symbolbedeutungen überhäuft hat, so ist er gleichwohl Teil des großen Inventarverzeichnisses der Natur. Ein schneller Blick in eine moderne Enzyklopädie liefert uns eine Erläuterung und unanzweifelbare Beschreibung: »Ein im tropischen Amerika heimisches Reptil, den Leguanen zugehörig *(Saurier)*, mit Hautkämmen vom Schwanz bis zum Kopf, wird bis zu 60 cm lang.« In anderen Enzyklopädien wird er *Basiliscus americanus* genannt. Nur war Amerika damals noch nicht entdeckt, weder zu Zeiten des Plinius, noch zu der Zeit, als Leonardo sein *Bestiarium* niederschrieb. Wird man daraus schließen müssen, daß auch unsere Enzyklopädien Märchen verkaufen?

Im unermeßlich großen Zoo der mittelalterlichen Bestiarien, die wir als Mittel einer symbolischen Flucht aus dem Alltagsleben und als phantasievolle Abschweifung verstehen müssen, ist die Hauptfigur jedesmal eine aus der erfindungsreichsten Kreuzung hervorgegangene Fiktion, die Staunen, Bewunderung oder Schrekken hervorrufen soll. In diesen frühen Büchern reichte die spärliche Beschreibung des Ungeheuers und seiner bösen oder guten Eigenschaften aus, um Gemütsbewegungen zu erzeugen. Im Gegensatz dazu führt Leonardo ›vollkommene Tiere‹ vor, die sich vorzüglich für die Lehrfabeln eignen, zu deren Hauptgestalten er sie ernannt hat. Der Falke, die Elster, das Chamäleon, der Geier, die Spinne, die Fledermaus, der Elefant (aber auch der Catoplea und der Basilisk), sie alle kennen bereits ihre Rolle, die ihnen zukommt, und sie verlangen keine zusätzlichen Statuten. Die Natur ist von sich aus schon hinreichend wunderbar und bedarf keinerlei ungeheuerlicher Eingriffe oder atemberaubender Unternehmen, um sie zu schönen. Das Wunderbare liegt vor unseren Augen, und man müßte schon sehr kurzsichtig sein, um das nicht zu erkennen. Die *Fabeln* und das *Bestiarium* sind kleine Werke von wohlüberlegter, subtiler Weltklugheit und laden uns auf eine Phantasiereise ein, bei der Engel ebenso fehlen wie Teufel, ein Theater des Wunderbaren, das uns die Augen für die Schönheit und die Harmonie des Universums öffnet, ganz ohne den mystischen Rauch oder den lehrerhaften Zeigefinger der herkömmlichen Fabeldichter. Es sind Seiten von irdischer Schönheit, aus denen ein ureigenes Licht inmitten der unzählig vielfältigen Formen dringt, derer sich Leonardo bediente, um die Welt zu entziffern.

BESTIARIUM

1. Liebe zur Tugend

Die Lerche ist ein Vogel, von dem man sich erzählt, daß er, wenn er zu einem Kranken gebracht wird, der sterben soll, von jenem seinen Kopf abwendet und ihn niemals ansieht. Sollte der Kranke aber überleben, dann läßt ihn dieser Vogel nicht aus den Augen und bewirkt so, daß jedes Übel von ihm weicht.

Gleicherweise achtet die Liebe zur Tugend niemals auf gemeine und schlechte Dinge, sondern gesellt sich nur zu ehren- und tugendhaften und nimmt in edlen Herzen Heimat, gleichwie die Vögel in grünen Wäldern auf blühenden Zweigen. Und solche Liebe bewährt sich im Unglück mehr denn im Glück, da sie es macht wie das Licht, welches umso heller leuchtet, wenn es einen dunkler gelegenen Ort findet.

2. Neid

Vom Geier liest man, daß er seine Jungen, wenn er sie im Nest zu dick werden sieht, aus Neid in die Rippen hackt und sie ohne Futter hält.

3. Heiterkeit

Die Heiterkeit ist dem Hahn zugeeignet, der sich über jede Kleinigkeit erfreut und mit mannigfachen scherzhaften Bewegungen kräht.

4. Traurigkeit

Die Traurigkeit gleicht dem Raben, der, wenn er sieht, daß seine Kinder weiß geboren sind, in großem Schmerz von ihnen scheidet und sie mit lautem Wehklagen verläßt und nicht füttert, ehe er an ihnen zum mindesten einige wenige schwarze Federn erblickt.

5. Friedfertigkeit

Vom Biber liest man, daß er, wenn er verfolgt wird und genau weiß, es geschieht nur seiner heilkräftigen Hoden wegen, stehen bleibt, sobald er nicht mehr fliehen kann; um vor den Jägern Frieden zu haben, beißt er sich mit seinen messerscharfen Zähnen die Hoden ab und überläßt sie seinen Feinden.

6. Zorn

Vom Bären heißt es, daß, wenn er zu den Häusern der Bienen geht, um ihnen den Honig wegzunehmen, die Bienen ihn zu stechen beginnen, worauf er den Honig läßt und auf Rache sinnt. Und da er sich an allen Bienen, die ihn beißen, rächen will, so kann er sich an keiner rächen, denn sein Zorn wandelt sich zu Raserei; indem er sich auf den Boden wirft, und, mit Händen und Füßen wütend um sich schlagend, verteidigt er sich vergeblich gegen jene.

7. Dankbarkeit

Die Tugend der Dankbarkeit soll besonders den sogenannten Wiedehopfvögeln eigen sein; denn sobald sie erkennen, daß sie das Geschenk des Lebens und der Nahrung von Vater und Mutter empfangen haben, so machen sie ihnen, wenn sie die Eltern alt werden sehen, ein Nest, hegen und füttern sie, entfernen ihnen mit dem Schnabel die alten und schlechten Federn und geben ihnen mit Hilfe gewisser Kräuter das Augenlicht wieder, so daß sie zu neuem Wohlgedeihen kommen.

8. Geiz
Die Kröte ernährt sich von Erde, und sie bleibt immer mager, weil sie sich nie genug sättigt; denn ihre Angst ist so groß, daß es ihr an dieser Erde einmal mangeln könnte.

9. Undankbarkeit
Den Tauben wird die Undankbarkeit zugeschrieben; denn wenn sie so alt sind, daß sie nicht mehr gefüttert werden müssen, beginnen sie, mit dem Vater zu kämpfen, und dieser Kampf endet nicht, ehe sie den Vater hinausgejagt und ihm seine Frau genommen haben, die sie zu der ihrigen machen.

10. Grausamkeit
Der Basilisk ist von solcher Grausamkeit, daß er, wenn er mit seinem giftigen Blick nicht Tiere töten kann, sich den Gräsern oder Kräutern zuwendet und sie verdorren läßt, indem er seinen Blick auf sie heftet.

11. Freigebigkeit
Vom Adler sagt man, er habe nie so großen Hunger, daß er nicht einen Teil seiner Beute jenen Vögeln übriglasse, die um ihn sind; da diese sich nicht selbst ernähren können, ist es notwendig, daß sie den Adler begleiten, denn so finden sie Nahrung.

12. Züchtigung
Wenn der Wolf mit Vorsicht irgendeinen Stall mit Vieh umschleicht und durch Zufall den Fuß so fehlsetzt, daß er Lärm macht, so beißt er sich ins Bein, um sich für ein solches Versehen selbst zu züchtigen.

13. Verlockung oder Betörung
Die Sirene singt so süß, daß sie die Schiffer in Schlummer lullt, und sie steigt in die Boote und tötet die schlummernden Schiffer.

14. Vorsicht
Die Ameise versorgt sich aus angeborener Klugheit im Sommer für den Winter, indem sie das eingesammelte Saatkorn tötet, damit es nicht wieder keime; und von diesem Korn nährt sie sich zur rechten Zeit.

15. Tollheit
Der wilde Stier haßt die rote Farbe, deshalb verkleiden die Jäger den Stamm eines Baumes mit rotem Tuch; und dieser Stier berennt den Stamm und nagelt mit großer Wut seine Hörner hinein, worauf die Jäger ihn töten.

16. Gerechtigkeit
Man kann die Tugend der Gerechtigkeit der Bienenkönigin zuschreiben, die jede Sache mit Vernunft anordnet und einteilt; so werden einige Bienen zu Blumen geschickt, andere zum Arbeiten bestimmt, wieder andere zum Kampf gegen die Wespen, andere zum Wegschaffen des Unrats und wieder andere zur Begleitung und Hofhaltung der Königin bestimmt. Und wenn sie alt ist und ohne Flügel, tragen sie sie; und wenn eine von den Bienen ihren Dienst versäumt, wird sie gnadenlos bestraft.

17. Wahrheit
Obwohl ein Rebhuhn dem anderen die Eier stiehlt, so kehren doch die Jungen, die aus diesen Eiern geboren sind, immer zu ihrer wahren Mutter zurück.

18. Treue oder Ergebenheit
Die Kraniche sind ihrem König so treu und ergeben, daß einige bei Nacht, wenn er schläft, auf der Wiese umhergehen, um ihn zu bewachen; andere von ihnen stehen in seiner Nähe und halten einen Stein in ihren Klauen, damit dieser Stein, wenn der Schlaf sie überwältigt, herabfallen und einen solchen Lärm machen soll, daß sie davon gleich aufwachen; und wieder andere schlafen zusammen rings um den König, und das abwechselnd jede Nacht, auf daß es ihrem König an nichts fehle.

19. Falschheit
Der Fuchs wirft sich, wenn er einen Schwarm Krähen, Elstern oder ähnlicher Vögel erblickt, augenblicklich mit offenem Maul auf den Boden, so daß er tot scheint. Jene Vögel wollen ihm dann in die Zunge picken, doch er reißt ihnen den Kopf ab.

20. Lüge
Der Maulwurf hat sehr kleine Augen und bleibt immer unter der Erde, und er lebt so lange, als er verborgen bleibt; sobald er ans Licht kommt, stirbt er sofort, weil er gesehen wird. Ebenso ergeht es auch der Lüge.

21. Stärke
Der Löwe hat nie Angst, sondern kämpft starken Mutes in wilder Schlacht gegen die Menge der Jäger, indem er stets den anzugreifen sucht, der ihn zuerst angegriffen hat.

22. Furcht oder Feigheit
Der Hase fürchtet sich immer; sogar die Blätter, die im Herbst von den Bäumen fallen, halten ihn stets in Angst und zumeist in Flucht.

23. Großmut
Der Falke jagt nie, außer auf große Vögel; und eher würde er umkommen, bevor er sich von kleinen nährte oder faules Fleisch fräße.

24. Ruhmsucht
Diesem Laster, so liest man, ist der Pfau mehr als jedes andere Tier verfallen, weil er immerfort die Schönheit des eigenen Schweifes bewundert, in Form eines Rades ihn ausbreitet und durch sein Geschrei den Blick der Tiere ringsum auf sich zieht. Und dies ist das schwerste Laster, welches man besiegen kann.

25. Beständigkeit
Mit der Beständigkeit vergleicht sich der Phönix; er, der von Natur aus nach seiner Erneuerung trachtet, erträgt standhaft die sengend heißen Flammen, die ihn verzehren, aus denen er später dann neu geboren wird.

26. Unbeständigkeit

Die Schwalbe setzt man der Unbeständigkeit gleich, weil sie immer unterwegs ist, um nicht die geringste Unbequemlichkeit auf sich zu nehmen.

27. Mäßigkeit

Das Kamel ist das geilste aller Tiere, das es gibt, und würde tausend Meilen einem Kamelweibchen hinterherlaufen; auch wenn es ständig mit Mutter und Schwestern zusammenlebte, nie würde es sie berühren; so gut weiß es sich zu mäßigen.

28. Maßlosigkeit

Das Einhorn vergißt wegen seiner Maßlosigkeit, und weil es sich nicht zu beherrschen vermag, bei seinem Entzücken, das es an Jungfrauen hat, ganz seine Scheu und Wildheit; ohne jeglichen Argwohn geht es zur sitzenden Jungfrau hin und schläft in deren Schoß ein. Und auf diese Weise gelingt es den Jägern, das Einhorn zu fangen.

29. Demut

Die Demut erkennt man hauptsächlich an den Lämmern, die sich jedem anderen Tier unterwerfen; und wenn man sie Löwen im Käfig zum Fraße vorwirft, so ergeben sie sich diesen wie der eigenen Mutter, so daß man oft gesehen hat, wie Löwen sie gar nicht töten wollen.

30. Stolz

Der Falke in seinem Hochmut und Stolz will alle anderen Vögel, die auf Raub ausgehen, beherrschen und übertreffen; auch begehrt er, immer allein zu sein; und oft schon hat man gesehen, wie der Falke den Adler, den König der Tiere, angriff.

31. Enthaltsamkeit
Wenn der wilde Esel zur Quelle geht, um zu trinken, und das Wasser getrübt findet, wird er niemals so großen Durst haben, daß er des Trinkens sich nicht enthielte und wartete, bis das Wasser klar wird.

32. Gefräßigkeit
Der Geier ist der Gefräßigkeit so sehr verfallen, daß er tausend Meilen flöge, um von einem Aas zu fressen; und darum folgt er den Heeren.

33. Keuschheit
Die Turteltaube vergeht sich nie wider ihren Gefährten; wenn eine von ihnen stirbt, befolgt die andere ewige Keuschheit und setzt sich nie auf einen grünen Zweig und trinkt nie mehr klares Wasser.

34. Wollust
Die Fledermaus beachtet in ihrer zügellosen Wollust keine allgemeine Regel der Lust; es vögeln Männchen mit Männchen und Weibchen mit Weibchen, ganz wie der Zufall sie zusammenführt.

35. Genügsamkeit
Das Hermelin frißt aus Genügsamkeit nur einmal am Tag; und eher läßt es sich von den Jägern fangen, bevor es in eine schmutzige Höhle flüchtete. Nur um seine Anmut nicht zu beflecken.

36. Der Adler
fliegt, wenn er alt ist, so hoch empor, daß er seine Federn versengt, und die Natur stimmt zu, daß er seine Jugend wiedererlangt, wenn er in seichtes Wasser fällt. Wenn seine Jungen den Anblick der Sonne nicht ertragen, so füttert er sie nicht. Kein Vogel, der nicht sterben will, nähert sich seinem Horst. Den Tieren, wie sehr sie ihn auch fürchten, fügt er kein Leid zu und läßt ihnen immer etwas von seiner Beute übrig.

37. Die Lumerpa: Ruhm
Dieser Vogel stammt aus Vorderasien und leuchtet so stark, daß er seinen eigenen Schatten aufzehrt, und auch sterbend verliert er dieses Licht nicht; seine Federn fallen niemals aus; aber die Feder, die man ihm auszupft, leuchtet nicht mehr.

38. Der Pelikan
hegt große Liebe für seine Jungen. Und wenn er sie im Neste von einer Schlange getötet findet, durchbohrt er sich vor ihnen das Herz und bringt sie, indem er sie in seinem strömenden Blute badet, wieder ins Leben zurück.

39. Der Salamander
hat keine empfindlichen Glieder und kümmert sich um keine andere Nahrung als um Feuer, worin er oft seine Haut erneuert. Gilt für die Tugend.

40. Das Chamäleon
lebt von der Luft und in dieser ist es allen Vögeln ausgesetzt; um sicherer zu sein, fliegt es über die Wolken

hinaus in so dünne Luft, daß sie den Vogel, der ihm folgt, nicht mehr trägt. Zu solcher Höhe schwingt sich nur der, dem es vom Himmel bestimmt ist; nämlich dorthin, wohin das Chamäleon fliegt.

41. Der Fisch Alep
lebt nicht außerhalb des Wassers.

42. Der Vogel Strauß
zieht seine Nahrung aus dem Eisen – als Waffe die Speise der Krieger. Durch seinen Blick brütet er Eier aus.

43. Der Schwan
ist weiß und ohne Makel; und süß singt er sich in den Tod mit einem Gesang, der sein Leben beendet.

44. Der Storch
bekämpft seine Übel, indem er Salzwasser trinkt; findet er seine Gefährtin eines Vergehens schuldig, so verläßt er sie; und wenn er alt ist, hegen und nähren ihn seine Kinder, bis er stirbt.

45. Die Zikade
läßt wegen ihres Gesangs den Kuckuck schweigen; sie stirbt in Öl und wird in Essig wieder lebendig; sie singt auch in glühender Hitze.

46. Die Fledermaus
sieht umso weniger, je mehr Licht vorhanden, und je mehr sie in die Sonne schaut, umso blinder wird sie. Sie symbolisiert das Laster, das es dort nicht aushält, wo die Tugend wohnt.

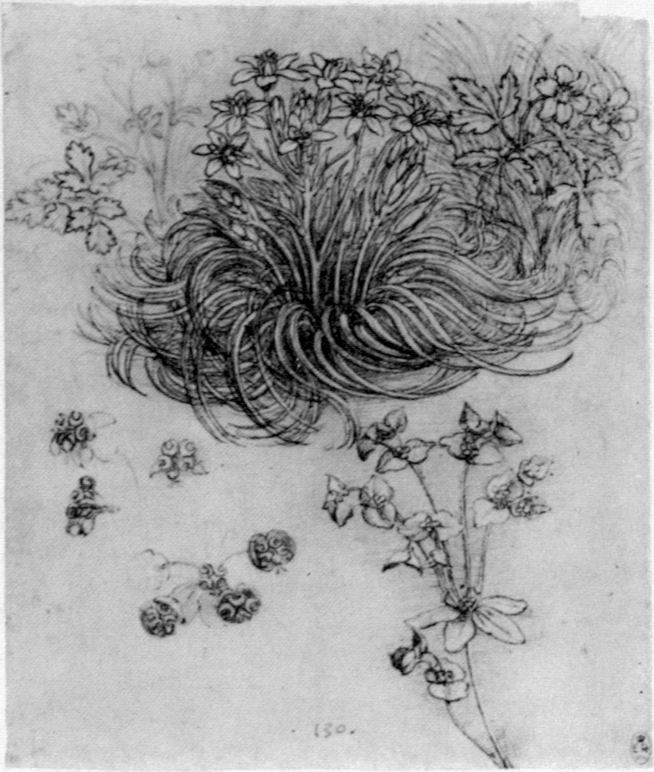
130.

47. Das Rebhuhn
verwandelt sich aus einem Weibchen in ein Männchen und vergißt sein früheres Geschlecht; es entwendet aus Neid die Eier anderer und brütet sie aus; aber die Jungen folgen ihrer wahren Mutter.

48. Die Schwalbe
öffnet ihren blindgeborenen Kindern mit Schöllkraut die Augen.

49. Die Auster: Verrat
Wenn der Mond voll ist, öffnet sich die Auster gänzlich, und wenn die Krabbe es bemerkt, steckt sie irgendeinen Stein oder Splitter in sie. Und die Auster kann sich nicht mehr schließen, worauf die Krabbe sie verspeist.

So geschieht es dem, der das Maul aufreißt und sein Geheimnis preisgibt, und so dem indiskreten Hörer zum Opfer fällt.

50. Der Basilisk: Grausamkeit
Er wird von allen Schlangen gemieden; das Wiesel kämpft mit ihm und tötet ihn mit der Raute.

Die Raute für die Tugend.

51. Die Schlange
trägt plötzlichen Tod in ihren Zähnen; um keinen Hexenzauber zu vernehmen, verstopft sie sich mit ihrem Schwanz die Ohren.

52. Der Drache
windet sich um die Beine des Elefanten, sodaß jener auf des Drachen Rücken fällt; sowohl der Drache als auch der Elefant sterben; im Sterben rächt sich der Elefant.

53. Die Viper
öffnet während der Paarung den Rachen, preßt am Schluß die Zähne zusammen und tötet den Gatten; später, wenn die Kinder in ihrem Leib herangewachsen, zerreißen sie ihr den Bauch und bringen so die Mutter um.

54. Der Skorpion
Reiner Speichel auf den Skorpion gespuckt, tötet ihn, so wie die Enthaltsamkeit die Völlerei; denn sie vertreibt und heilt die Krankheiten, die von der genannten Völlerei abhängen; und so ebnet sie der Tugend den Weg.

55. Das Krokodil: Heuchelei
Dieses Tier fängt den Menschen und tötet ihn sogleich. Nachdem es ihn umgebracht, beweint es ihn mit klagender Stimme und mit vielen Tränen, und wenn es die Klage beendet hat, frißt es ihn grausam auf.

So auch der Heuchler, der um jede kleine Sache sein Gesicht mit Tränen netzt, aber ein Tigerherz zeigt, wenn er sich in seinem Inneren über das Übel anderer mit mitleidsvollem Antlitz freut.

56. Die Kröte
flieht das Licht der Sonne; doch wenn sie gewaltsam aufgehalten wird, so bläht sie sich so sehr auf, daß ihr Kopf gänzlich verschwindet und sich so den Lichtstrahlen entzieht.

Ebenso verhält sich ein Feind der reinen und leuchtenden Tugend, denn unter Zwang kann er ihr nur mit geblähtem Mut standhalten.

57. Die Raupe: von der Tugend im allgemeinen
Die Raupe webt in geübter Geschicklichkeit mit wunderbarer Kunstfertigkeit und feinster Arbeit um sich herum ein neues Gehäuse; aus diesem kommt sie später mit schön bemalten Flügeln heraus und schwingt sich mit ihnen dem Himmel entgegen.

58. Die Spinne
gebiert aus sich ein meisterhaft künstliches Gewebe, das ihr später zum Dank die gefangene Beute schenkt.

59. Der Löwe
Dieses Tier weckt mit donnerartigem Ruf seine Jungen am dritten Tag nach ihrer Geburt und rüttelt all ihre schlummernden Sinne auf; und alle wilden Tiere, die sich im Walde befinden, fliehen.

Man kann die Löwenjungen mit den Kindern der Tugend vergleichen, die durch den Ruf des Lobes erweckt werden, an ehrenvollen Studien wachsen und so immer höher steigen. Aber alle Schlechten fliehen bei diesem Ruf und scheiden sich von den Tugendhaften. Wie der Löwe auch seine Fußstapfen verwischt, damit seine Wanderung von den Feinden nicht erraten werde, so steht es auch dem Heerführer gut an, Geheimnisse in seinem Innersten zu verbergen, auf daß der Feind seine Pläne nicht erkenne.

60. Die Tarantel
Durch den Biß der Tarantel bleibt der Mensch bei seinem Vorsatz, den er erwog, als er gestochen wurde.

61. Die Ohreule und das Käuzchen
strafen ihre Spötter, indem sie sie des Lebens berauben; denn so hat die Natur es bestimmt, daß sie sich ernähren.

62. Der Elefant
Der große Elefant hat von Natur aus, was sich selten bei Menschen findet, nämlich: Ehrlichkeit, Klugheit, Gerechtigkeitssinn und Gehorsam im Glauben; denn sobald der Neumond wiederkehrt, begeben sich die Elefanten zum Fluß und waschen und reinigen sich in ihm feierlich; indem sie so den Mond begrüßt haben, kehren sie in die Wälder zurück. Wenn sie krank auf dem Rücken liegen, werfen sie Gras zum Himmel, so als wollten sie opfern. Sie vergraben ihre Zähne, wenn sie ihnen vor Alter ausfallen. Von den beiden Stoßzähnen benutzt der Elefant den einen, um Wurzeln auszugraben, von denen er sich ernährt; vom anderen bewahrt er die Spitze zum Kämpfen. Wenn Elefanten von Jägern bezwungen werden und Müdigkeit sie überfällt, schlagen sie einander die Stoßzähne ein, reißen sie heraus und kaufen sich mit ihnen frei. Sie sind barmherzig, und sie erkennen Gefahren. Trifft ein Elefant einen Menschen allein und verirrt, bringt er ihn gern auf den verlorenen

Weg zurück. Findet er die Fußspur eines Menschen, ehe er den Menschen selbst sieht, fürchtet er einen Hinterhalt; daher bleibt er stehen und trompetet den anderen Elefanten seinen Fund zu; daraufhin sammelt sich die Elefantenherde und geht vorsichtig davon; sie ziehen immer als Herde: der älteste Elefant geht voran, der zweitälteste als letzter – so leiten sie die Herde. Sie sind äußerst schamhaft, so daß sie sich nur bei Nacht und im Verborgenen paaren und erst dann zur Herde zurückkehren, wenn sie sich im Flusse gewaschen haben. Sie kämpfen nicht um ihre Weibchen wie andere Tiere. Sie sind so barmherzig, daß sie von Natur aus jenen ungern Schaden zufügen, die weniger stark sind als sie selbst. Gerät ein Elefant unterwegs in eine Schafherde, so schiebt er die Schafe mit seinem Rüssel beiseite, um sie nicht mit den Beinen zu zertrampeln. Sie fügen keinem ein Leid zu, außer, sie werden herausgefordert. Ist ein Elefant in einen Graben gestürzt, so füllen andere den Graben mit Zweigen, Erde und Steinen aus, indem sie auf diese Weise den Boden erhöhen, und der Elefant leicht wieder herauskommt. Sie verabscheuen das Gequietsche der Schweine so sehr, daß sie zurückweichen und mit ihrem Getrampel Schaden anrichten, der für sie nicht weniger groß ist als für ihre Feinde. Sie lieben Flüsse und wandern immer an ihnen entlang; aber wegen ihres großen Gewichts können sie nicht schwimmen. Sie fressen Steine, und Baumstämme sind ihnen eine besonders willkommene Speise. Sie hassen die Ratten. Die Fliegen lieben ihren Geruch; wenn sie sich aber auf seinen Rücken setzen, runzelt der Elefant seine Haut und tötet sie zwischen den zusammengepreßten Falten. Wollen Elefanten Flüsse durchqueren, stellen sich die Jungen in Richtung des Gefälles des Wassers, und da sie selbst gegen den reißenden Strom stehen, brechen sie den einheitlichen Lauf des Wassers, daß die Strömung sie nicht mitreißen kann. Der Drache wirft sich unter den Leib des Elefanten, sein Schwanz windet sich um dessen Beine, mit den Flügeln und Krallen umspannt er seine Rippen und mit den Zähnen durchbeißt er ihm die Kehle; der Elefant fällt auf den Drachen, und der zerplatzt: so rächt er sich an seinem Feind noch im eigenen Tod.

63. Der Drache
Sie durchqueren Sümpfe, indem sie ganz nah aneinanderrücken, sich miteinander wie Wurzeln verflechten und mit erhobenem Kopf dorthin schwimmen, wo sie besseres Futter finden; denn wenn sie sich nicht so vereinigten, würden sie ertrinken. So viel vermag Eintracht.

64. Der Lindwurm
Sieht der Lindwurm, der ein riesiges Tier ist, irgendeinen Vogel in der Luft, holt er so stark den Atem ein, daß es ihm den Vogel in den Schlund zieht. Marcus Regulus, Konsul des römischen Heeres, wurde mit seiner Armee von solch einem Ungeheuer angegriffen und fast vernichtet. Dieser Lindwurm, der von einer Belagerungsmaschine getötet wurde, maß 123 Fuß, das sind 64 Ellen und einhalb. Mit aufgerichtetem Schädel überragte er alle Bäume des Waldes.

65. Die Boa
ist eine große Schlange, die sich um die Beine einer Kuh windet, bis sich jene nicht mehr rühren kann; hierauf melkt sie die Kuh derart, daß sie fast austrocknet. Von dieser Gattung wurde zur Zeit des Kaisers Claudius auf dem Mons Vaticanus ein Exemplar getötet, die ein ganzes Kind noch im Leib trug, das sie in sich gewürgt hatte.

66. Der Elch: wird im Schlaf gefangen
Dieses Tier stammt von der Insel Skandinavien. Es hat die Gestalt eines großen Pferdes, nur die große Länge des Halses und die der Ohren unterscheiden es von ihm. Es weidet das Gras im Rückwärtsschreiten ab, denn seine Oberlippe ist so lang, daß sie, weidete es im Vorwärtsschreiten, das Gras bedecken würde; seine Beine bestehen aus einem Stück; wenn es also schlafen will, lehnt es sich an einen Baum; Jäger, die den gewohnten Schlafplatz kennen, durchsägen den Baumstamm bis auf ein kleines Stück und wenn sich der Elch dann zum Schlafen anlehnt, fällt er in seinem Schlaf um; die Jäger ergreifen ihn sodann, denn jede andere Art, ihn zu fangen, ist vergeblich, weil er unglaublich geschwind zu laufen vermag.

67. Der Bison: schadet auf der Flucht
Der Bison stammt aus Pannonien; er hat einen Hals mit Mähne wie das Pferd, und ist in allen anderen Teilen dem Stier ähnlich, außer daß seine Hörner derart nach rückwärts gebogen sind, daß er nicht zustoßen kann; deshalb kennt er keinen anderen Ausweg aus einer Gefahr als die Flucht, wobei er auf seiner Strecke Unrat

im Umkreis von 400 Ellen um sich schleudert; und wo der Unrat auch hinfällt, brennt er wie Zunder.

68. Löwen, Parder, Panther, Tiger
halten ihre Krallen in der Scheide und kehren sie nie hervor, es sei denn, sie sind auf dem Rücken des Wildes oder des Feindes.

69. Die Löwin
Wenn die Löwin ihre Jungen gegen die Gewalt der Jäger verteidigt, senkt sie, um selbst nicht vor den Speeren zu erschrecken, die Augen zu Boden, damit sie nicht die Flucht ergreife und ihre Jungen gefangen würden.

70. Der Löwe
Dieses so schreckliche Tier fürchtet nichts so sehr wie das Gerassel leerer Karren als auch das Krähen des Hahnes. Er fürchtet sich aber auch vor dem Anblick des Hahnes und betrachtet mit ängstlicher Miene seinen Kamm. Er verzagt vollends, wenn man sein Gesicht verhüllt.

71. Der Panther in Afrika
hat die Gestalt einer Löwin, aber er ist hochbeiniger, geschmeidiger und länger. Er ist ganz weiß, aber getupft mit schwarzen Flecken in Form von Rosetten. Sein Anblick gefällt allen Tieren sehr, und sie würden gern immer um ihn bleiben, wenn er nicht ein so schreckliches Gesicht hätte. Da er das weiß, verbirgt er sein Gesicht, und alle Tiere ringsum beruhigen sich und kommen nahe heran, um soviel Schönheit besser genießen zu können. Da ergreift der Panther sofort das nächste Tier und frißt es sogleich auf.

72. Die Kamele

Die baktrischen Kamele haben zwei Höcker, die arabischen einen; sie sind behend im Schlachtgetümmel und äußerst nützlich beim Tragen von Lasten. Das Kamel achtet höchst genau auf Regel und Maß, denn es regt sich nicht von der Stelle, wenn es beladener ist als gewöhnlich; auch wenn es zu lange Wegstrecken bewältigen soll, bleibt es sofort stehen, weswegen Kaufleute zur Rast gezwungen werden.

73. Der Tiger

stammt aus Hyrkanien. Er gleicht ein wenig dem Panther, wegen seines gefleckten Fells, und ist ein unglaublich geschwindes Tier. Wenn ein Jäger dessen Junge findet, raubt er sie, indem er rasch Spiegel an den Ort legt, von dem er sie genommen hat, und flieht sogleich auf hurtigem Rosse. Kehrt der Tiger heim, findet er die Spiegel auf dem Boden, erblickt sich selbst in ihnen, meint jedoch, seine Jungen zu sehen. Erst wenn er mit den Pranken auf den Spiegeln kratzt, entdeckt er den Betrug. Der Geruch der Jungen aber hilft ihm, dem Jäger zu folgen, und wenn dieser Jäger den Tiger bemerkt, läßt er eines der Jungen los; der Tiger nimmt es und trägt es in sein Nest und kehrt sofort zum Jäger zurück, und desgleichen wird so oft gemacht, bis der Jäger sein Boot erreicht.

74. Der Catoplea

stammt aus Äthiopien, nahe der Quelle des Nigricapo; es ist ein nicht allzu großes Tier, hat träge Glieder und einen Kopf von solcher Größe, daß er ihn nur mühsam tragen kann, weshalb er immer zu Boden gebeugt ist.

Andererseits wäre es von größtem Unheil für die Menschen, weil jeder, den sein Aug erblickt, sogleich stirbt.

75. Der Basilisk
stammt aus der Provinz Cyrenaica, ist nicht größer als zwölf Finger und hat auf dem Kopf einen weißen Fleck wie ein Diadem. Mit seinem Zischen verjagt er alle Schlangen. Er hat Ähnlichkeit mit einer Schlange, bewegt sich aber nicht schlängelnd, sondern zieht halbaufgerichtet vorwärts. Man erzählt folgendes: Als einmal ein Basilisk von einem Mann zu Pferd mit einem Speer getötet wurde, lief sein Gift den Speer hinauf, und es starb nicht nur der Mann, sondern auch das Pferd. Er vernichtet das Getreide, aber nicht nur das, sondern alles, was er berührt oder anhaucht: das Gras verdorrt, die Steine zerbersten.

76. Das Wiesel
Wenn das Wiesel die Höhle eines Basilisken findet, so verspritzt es seinen Harn und tötet ihn durch dessen Geruch. Oft tötet der Geruch des Harns auch das Wiesel selbst.

77. Die Hornviper
hat vier kleine bewegliche Hörner; wenn die Hornvipern nun fressen wollen, verbergen sie ihren ganzen Körper unter Blättern, bis auf diese Hörnchen, die sie bewegen, und die den Vögeln wie spielende kleine Würmchen vorkommen; also fliegen sie gleich herbei, um sie aufzupicken; die Hornviper aber ringelt sich um sie und verschlingt sie im Nu.

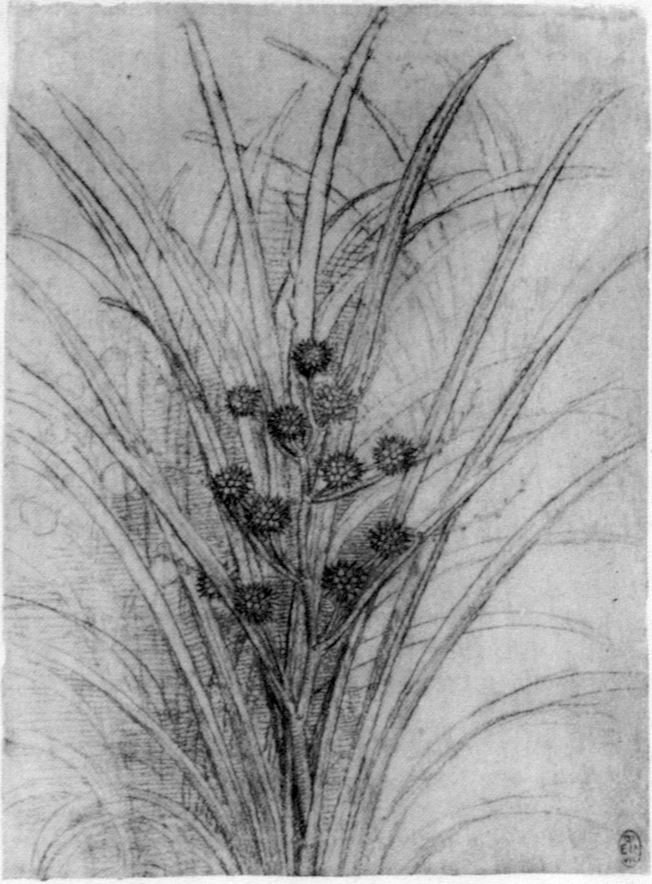

78. Die Ringelechse
hat zwei Köpfe: den einen dort, wo er hingehört, den anderen am Schwanz; als ob es nicht genüge, daß von einer Stelle aus das Gift versprüht würde.

79. Die Pfeilschlange
hält sich in Bäumen auf, aus denen sie wie ein Pfeil hervorschießt, die wilden Tiere durchbohrt und sie tötet.

80. Die Aspisviper
Gegen einen Biß dieses Tieres gibt es kein Mittel, es hilft nur sofortiges Wegschneiden der verseuchten Teile. Dieses giftige Tier ist seinem Gefährten derart zugetan, daß sie ständig beisammen sind, und daß es, wenn der Gefährte unglücklicherweise getötet wird, mit unglaublicher Geschwindigkeit dem Mörder folgt; sie beharrt so eifrig auf Rache, daß sie jede Schwierigkeit meistert. Aus der großen Schar der Gegner greift sie nur ihren Feind an und überwindet jede Entfernung; man kann ihr nicht entkommen, außer über das Wasser oder durch eilige Flucht. Sie hat tiefliegende Augen, große Ohren und wird mehr vom Hören als vom Sehen geleitet.

81. Das Ichneumon
stammt aus Ägypten und ist ein tödlicher Feind der Aspisviper; wenn es eine Aspis ganz nahe sieht, läuft es sogleich zum Flußsand oder Schlamm des Nils und beschmiert sich ganz mit diesem; von der Sonne getrocknet, beschmiert es sich wieder mit dem Schlamm, und so entstehen, eines über das andere getrocknet, drei

oder vier Wämser, einem Panzer gleich. Dann greift es die Aspis an und kämpft tapfer mit ihr, bis es im richtigen Zeitpunkt der Aspis an die Gurgel springt und sie erstickt.

82. Das Krokodil
wird im Nil geboren, hat vier Füße und verursacht zu Wasser und zu Lande Schaden; es findet sich außer ihm kein Tier ohne Zunge auf der Erde, und zum Beißen bewegt es nur den Oberkiefer; es wird bis zu 40 Fuß lang, hat Krallen und ist mit einer Lederhaut gepanzert, die jedem Schlag widersteht; den Tag über weilt es auf dem Land, in der Nacht im Wasser. Nachdem es Fische gefressen hat, schläft es mit offenem Rachen am Ufer des Nils ein; und ein winzig kleiner Vogel, genannt Trochilo, läuft ihm sogleich in das Maul und pickt, zwischen den Zähnen hin- und herhüpfend, die übriggebliebenen Speisereste auf; indem er so ein Wonnegefühl in ihm erregt, verlockt er das Krokodil dazu, seinen Rachen vollständig aufzureißen, und so schläft es ein. Wenn das Ichneumon dies sieht, stürzt es sich ihm sogleich in den Rachen, durchbohrt ihm Magen und Eingeweide und tötet es schließlich.

83. Der Delphin
Die Natur hat den Tieren solche Erkenntnis gegeben, daß sie außer dem Wissen um den eigenen Vorteil auch das Wissen um den Nachteil des Feindes besitzen; daher weiß der Delphin, was ein Schnitt mit den scharfen Finnen, die ihm auf dem Rücken sitzen, vermag, und er weiß auch den zarten Bauch eines Krokodils zu schätzen; wenn also die beiden Tiere miteinander kämpfen,

wirft sich der Delphin unter seinen Gegner, zerschneidet ihm den Bauch und tötet ihn so. Das Krokodil zeigt sich jenen furchtbar, die es fliehen und höchst feige jenen, die es jagen.

84. Der Hippopotamus

Wenn sich der Hippopotamus krank fühlt, geht er auf die Suche nach Dornen oder dorthin, wo er Strünke abgeschnittenen Schilfrohrs findet und reibt sich daran so lange eine Ader, bis er sie durchschnitten hat; und nachdem er sich die nötige Menge Blut abgenommen hat, beschmiert er sich mit Schlamm und heilt die Wunde. Seine Gestalt ähnelt der eines Pferdes, er hat einen gespaltenen Huf, einen Ringelschwanz, Hauer wie ein Eber und im Nacken eine Mähne; seine Haut ist nicht zu durchbohren, außer wenn er badet; er nährt sich von Getreide; in die Felder geht er rückwärts, damit es scheint, als sei er aus ihnen herausgekommen.

85. Der Ibis

ähnelt einem Storch; wenn er sich krank wähnt, füllt er seinen Kropf mit Wasser an und gibt sich mit seinem Schnabel ein Klistier.

86. Der Hirsch

Wenn der Hirsch von einer Spinne, genannt Weberknecht, gebissen wird, frißt er Krebse und befreit sich von jenem Gift.

87. Die Eidechse

Wenn die Eidechse mit Schlangen kämpft, frißt sie Gänsedisteln und entleert sich.

88. Die Schwalbe
gibt ihren erblindeten Jungen durch den Saft des Schöllkrauts das Augenlicht wieder.

89. Das Wiesel
frißt Raute, bevor es Ratten jagt.

90. Das Wildschwein
frißt Efeu und heilt so seine Leiden.

91. Die Schlange
zieht, wenn sie sich erneuern will, die alte Haut ab, indem sie beim Kopf beginnt; sie häutet sich in einem Tag und einer Nacht.

92. Der Panther
kämpft immer noch mit Hunden und Jägern, auch wenn ihm die Eingeweide schon heraushängen.

93. Das Chamäleon
nimmt immer die Farbe der Umgebung an, in der es sich befindet; daher wird es oft von Elefanten, zusammen mit dem Laub, auf dem es sitzt, verzehrt.

94. Der Rabe
purgiert sich mit Lorbeer, wenn er das Chamäleon getötet hat.

95. Von der Vorhersicht

Der Hahn kräht nicht, wenn er nicht vorher dreimal die Flügel schlägt; wenn sich der Papagei zwischen den Zweigen bewegt, setzt er nirgends seinen Fuß, wohin er nicht vorher den Schnabel gesetzt.

96. Die Smaragdeidechse

ist dem Menschen treu und achtet, daß er ruhig schläft: wenn sie mit einer Natter ringt und merkt, daß sie sie nicht besiegen kann, läuft sie auf das Gesicht des Menschen und weckt ihn, auf daß die Natter ihrem schlummernden Menschen nichts zuleide tue.

FABELN

1. Die bestrafte Zeder

Die Zeder hegte den großen Wunsch, auf ihrem Wipfel eine schöne und große Frucht zu tragen, und sie brachte eine solche unter Einsatz aller ihrer Säfte hervor; als die Frucht herangewachsen, ward sie Ursache dafür, daß die hohe und aufrechte Spitze sich zu beugen begann.

2. Der Pfirsichbaum und der Nußbaum

Der Pfirsichbaum sah neidisch zu, wie sein Nachbar, der Nußbaum, eine große Menge von Früchten hervorbrachte; und entschlossen, es ihm gleich zu tun, belud er sich so sehr mit eigenen Früchten, daß ihre Last ihn entwurzelte und auf die Erde niederzog.

3. Der gesteinigte Nußbaum

Der Nußbaum an einer Straße zeigte den Vorübergehenden den Reichtum seiner Früchte; er wurde von jedermann mit Steinen beworfen.

4. Der eitle Feigenbaum

Den Feigenbaum, der keine Früchte trug, beachtete niemand. So brachte er Früchte hervor, da er von den Menschen gerühmt werden wollte; diese aber zerbrachen seine Äste und zerstörten ihn.

5. Der Feigenbaum und die Ulme

Der Feigenbaum, der nahe einer Ulme stand, betrachtete ihre fruchtlosen Zweige. Da er voll heißen Verlangens war, die Sonne für seine sauren Feigen zu haben, sagte er vorwurfsvoll zu ihr: »O Ulme, schämst du dich denn nicht, so vor mir zu stehen? Aber warte nur, bis meine Kinder in reifem Alter sind, wie du dann dastehst.« Als diese Kinder herangereift waren, kam eine Schwadron Soldaten vorbei. Der Feigenbaum wurde von ihnen, da sie die Feigen zu pflücken versuchten, ganz geknickt, entlaubt und gebrochen. Als er so an seinen Gliedern verstümmelt dastand, fragte ihn die Ulme: »O Feigenbaum, um wieviel war es doch besser ohne Kinder zu sein, als ihretwegen in einen so schlechten Zustand zu geraten?«

6. Die Amsel im Netz

Der Liguster, an dessen zarten Ästen frische Früchte hingen, fühlte sich durch die stechenden Krallen und Schnäbel der zudringlichen Amseln gereizt. Er klagte mit schmerzlichem Jammer einer solchen Amsel sein Leid und bat sie, nachdem sie ihm seine köstlichen Früchte nehme, sie ihm doch wenigstens nicht die Blätter rauben solle, die ihn gegen die glühenden Strahlen der Sonne schützten, und daß sie ihn nicht mit scharfen Krallen schindete und seine feine Rinde abschälte. Darauf entgegnete die Amsel mit grobem Schelten: »O schweige, wildes Gestrüpp! Weißt du nicht, daß die Natur deine Früchte zu meiner Nahrung hervorbringen ließ? Siehst du nicht, daß du nur auf der Welt bist, um mir diese Speise aufzutischen? Weißt du Tölpel nicht, daß du schon im kommenden Winter Nahrung und Fressen des Feuers sein wirst?« Diese Worte hörte sich der Busch geduldig, wenngleich nicht ohne Tränen, an. Kurze Zeit später wurde die Amsel im Netz gefangen. Und es wurden Zweige gebrochen für einen Käfig, in den man die Amsel sperren wollte. Unter anderen Zweigen befanden sich auch solche des biegsamen Ligusters, um das Rutengeflecht des Vogelbauers zu bilden; als die Zweige erkannten, daß auch sie die verlorene Freiheit der Amsel verursachten, sagten sie freudig bewegt: »O Amsel, wir sind hier und noch nicht, wie du sagtest, vom Feuer verzehrt; eher werden wir dich gefangen, als du uns verbrannt sehen.«

7. Krönung des Birnbaums

Der Lorbeer und die Myrte sahen, wie der Birnbaum umgeschlagen wurde und schrien mit lauter Stimme: »O Birnbaum! Wohin gehst du denn? Wohin ist der Stolz, den du besaßest, als du noch deine reifen Früchte trugst? Jetzt wird uns deine dichte Krone keinen Schatten mehr spenden.« Da antwortete der Birnbaum: »Ich gehe mit dem Landmann, der mich fällt, und er wird mich in die Werkstatt eines trefflichen Bildhauers bringen, der mir mit seiner Kunstfertigkeit die Gestalt des Gottes Jupiter geben wird, und ich werde im Tempel geweiht und von den Menschen als Jupiter angebetet werden. Aber du mach dich bereit, häufig gebrochen und verstümmelt zu werden um deiner Zweige willen, mit denen die Menschen mich kränzen werden, um mich zu ehren.«

8. Die Kastanien und die Hiebe

Der Kastanienbaum sah im Feigenbaum den Menschen, wie dieser die Zweige desselben zu sich heranbog und von ihnen die reifen Früchte pflückte, die er in seinen offenen Mund steckte und mit harten Zähnen zerbiß und zerfleischte. Da schüttelte er seine langen Äste und sagte mit aufgeregtem Rauschen: »O Feigenbaum! Um wieviel hast du der Natur weniger zu danken als ich! Siehst du, wie ordentlich sie meine süßen Kinder einhüllte: erst in ein zartes Hemd gekleidet, welches sie mit einer harten gefütterten Schale umgab, und mit all der Wohltat, die sie ihnen mit der starken Behausung erwies, noch nicht zufrieden, stattete sie dieselbe mit spitzen, dicht aneinandergereihten Stacheln aus, damit die Hände der Menschen ihnen nicht schadeten.« Da begann der Feigenbaum und all seine Kinder zu lachen, und, als das Lachen verklungen war, sagte er: »Wisse, daß der Mensch so erfinderisch ist, daß er mit Ruten und Reisern und Steinen wohl versteht, deine Zweige so zu behandeln, daß du an Früchten arm wirst; und nachdem diese herabgefallen, stampft er mit den Füßen und klopft mit Steinen darauf, so daß die Früchte zerrissen und verstümmelt aus ihrem gewappneten Haus kommen; ich aber werde mit aller Sorgfalt von den Händen berührt, und nicht wie du von Stöcken und Steinen.«

9. Die gebrannte Motte

Die eitle und flatterhafte Lichtmotte war es nicht zufrieden, bequem in der Luft herumfliegen zu können und, von den reizvollen Flammen einer Kerze becirct, beschloß sie, in jene hineinzufliegen; ihr froher Flug endete bald traurig. Denn in besagtem Licht verzehrten sich die zarten Flügel, und die Motte fiel elend und ganz versengt am Fuß des Leuchters nieder. Nach vielem Weinen und Klagen wischte sie sich die Tränen aus ihren feuchten Augen, hob ihren Kopf und sagte: »O falsches Licht! Wieviele gleich mir mußt du schon in vergangener Zeit elendiglich getäuscht haben. Ach, da ich bloß das Licht sehen wollte, hätte ich da nicht die Sonne vom falschen Licht des Talges unterscheiden sollen?«

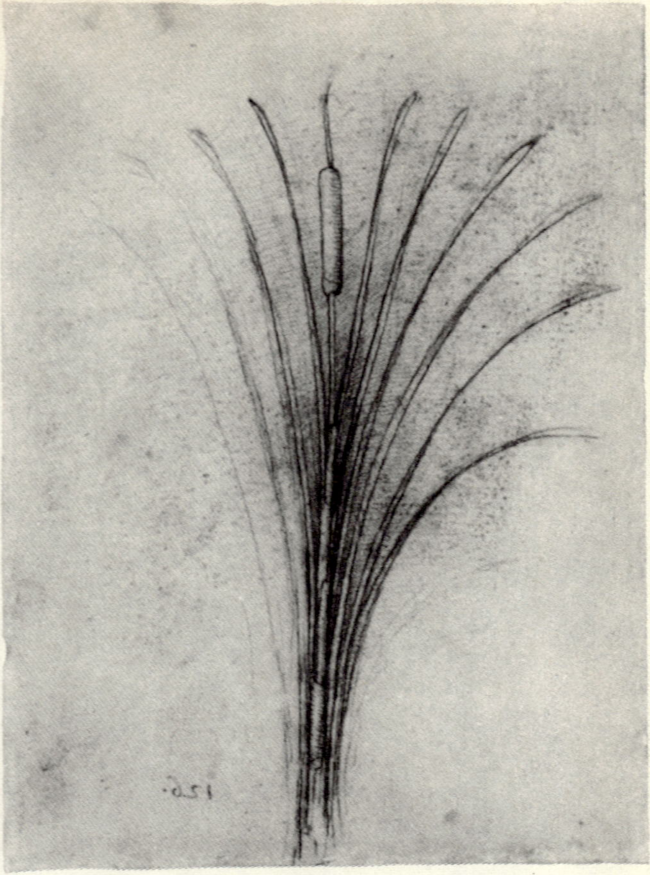

10. Der Nußbaum im Campanile

Es begab sich, daß die Nuß von einer Krähe auf einen hohen Glockenturm getragen wurde und dort durch eine Mauerritze, in die sie fiel, vor dem todbringenden Schnabel gerettet wurde. Sie bat die Mauer, daß sie ihr beistehen möge um der Gnade willen, die ihr Gott mit so hervorragenden, großartigen und schönen Glocken und deren ehrenvollen Klängen beschert haben. Denn da sie nicht unter die grünen Zweige ihres alten Vaters hatte fallen können, um in der fetten Erde einen Ruheplatz unter seinen herabfallenden Blättern zu finden, so solle die Mauer sie doch nicht im Stich lassen; als sie sich nämlich im rauhen Schnabel der Krähe befunden hatte, habe sie sich gelobt, daß, wenn sie aus diesem Schnabel glücklich entkomme, ihr Leben in einem kleinen Loch beenden wolle. Nach diesen Worten nahm sie die zu Mitleid gerührte Mauer gern an dem Ort auf, in den sie gefallen. Und binnen kurzer Zeit begann die Nuß sich zu öffnen und ihre Wurzeln zwischen die Ritzen und Steine zu stecken, sie auszubreiten, und ihre Triebe aus der Höhle emporzustrecken; und bald, als die Zweige über das Gebäude hinausgewachsen waren und die gewundenen Wurzeln sich verdickt hatten, begann sie, die Mauer zu sprengen und die alten Steine aus ihren gewohnten Plätzen zu treiben. Da beweinte die Mauer zu spät und vergeblich die Ursache ihres Schadens und bald darauf barst sie und mit ihr ein großer Teil ihres Gefüges.

11. Die Küsse des Affen

Ein Affe, der ein Nest voll mit kleinen Vögeln fand und sich ganz fröhlich an diese, die schon zum Ausfliegen bereit waren, heranmachte, konnte nur den kleinsten von ihnen fangen. Voller Freude lief er, mit dem Vöglein in seiner Hand, zu seinem Schlupfwinkel und begann zu überlegen, was er mit ihm tun sollte. Da fing er an, es zu küssen, und aus leidenschaftlicher Liebe küßte er es so sehr, und drehte und drückte es so heftig, daß er ihm das Leben nahm. Diese Fabel erzählt man jenen, die nur Unheil stiften, wenn sie ihre Kinder nicht strafen.

12. Die Weide und der Kürbis

Die arme Weide erkannte, daß sie nie das Vergnügen genießen könne, ihre biegsamen Zweige wachsen und dem Himmel entgegengeführt zu sehen; wegen der Weinrebe und anderer Bäume, die in ihrer Nähe standen, blieb sie immer krüppelig, ohne Äste und häßlich. So sammelte sie all ihren Scharfsinn und öffnete mit ihm weit das Tor ihrer Phantasie. Immer wieder begab sie sich mit ihren Gedanken in das Reich der Pflanzen und überlegte, mit welcher von ihnen sie sich verbünden könnte, ohne daß es nötig wäre, aneinander gefesselt zu sein. Ihre Gedanken verweilten und nährten diese Überlegung ein wenig, und da kam ihr plötzlich der Kürbis in den Sinn; vor großer Freude schüttelte sie all ihre Zweige, da es ihr schien, eine Gesellschaft nach ihrem Wunsch und Vorsatz gefunden zu haben, da doch der Kürbis besser geeignet ist, andere zu binden als selbst gebunden zu werden. Und nachdem sie ihre Entscheidung gefaßt hatte, hob sie ihre Zweige zum Himmel und wartete aufmerksam auf irgend einen befreundeten kleinen Vogel, der ihrem Wunsche als Mittler diente. Als sie unter anderen die Elster in ihrer Nähe erblickte, sprach sie zu ihr: »O freundlicher Vogel, ich bitte dich, gedenke meiner Hilfe, die ich dir in diesen Tagen eines morgens in meinen Zweigen gewährte, als der ausgehungerte Falke raubgierig und grausam dich fressen wollte; und gedenke auch meiner Hilfe bei jenem Erholen, das du auf mir so häufig geübt, wenn deine Flügel der Ruhe begehrten, und bei den Freuden, die du beim Liebesspiel mit deinen Gefährten in meinen Zweigen schon genossen hast. Ja, bei alldem bitte ich dich, den Kürbis aufzusuchen und mir einige Samen von ihm zu holen; wenn ich sie erst gesät, würde ich sie nicht anders behandeln, als wären sie von mir geboren; und ähnlich gebrauche alle jene Worte, die sie zu diesem Vorhaben überreden, obschon man dich, Meisterin der Redekunst, nicht zu unterweisen braucht. Und wenn du dies tust, bin ich es zufrieden, dein Nest mitsamt deiner Familie, ohne irgendwelchen Mietzins, in meinen Zweigen aufzunehmen.« Nachdem die Elster den Vertrag angenommen und einige Punkte noch neu eingeführt hatte, so zum Beispiel daß die Weide Nattern und Marder niemals aufnehmen werde, hob sie den Schwanz, senkte den Kopf, warf sich vom Ast und vertraute ihr Gewicht den Schwingen an. Mit diesen durchdrang sie die flüchtige Luft, lenkte mit dem Steuer des Schweifes neugierig bald da, bald dorthin und kam so zu einem Kürbis. Mit einem artigen Gruße und ein paar höflichen Worten erlangte sie die Samen und wurde, als sie sie zur Weide gebracht, mit froher Miene empfangen. Sie scharrte den Boden neben der Weide ein wenig mit den Füßen auf und pflanzte die Samenkörner mit ihrem Schnabel im Kreis um den Baum. In kurzer Zeit gingen sie auf, entfalteten ihre Triebe und fingen an, mit ihren großen Blättern alle Zweige der Weide in Beschlag zu nehmen und ihr die Schönheit der Sinne und des Himmels zu rauben. Und nicht genug des Übels: in der Folge begannen die Kürbisse durch übermäßiges Gewicht die Spitzen der zarten Zweige zur Erde zu ziehen, was für die Weide besonders schmerzhaft und beschwerlich war. Sie rüttelte und schüttelte sich vergeblich, um die Kürbisse von sich abfallen zu lassen. Umsonst vertrödelte sie einige Tage in trügerischer Hoffnung, da sie die zähen und festen Ranken am Denken hinderten; da spürte sie den Wind vorbeieilen, und die Weide bat ihn um Hilfe, und dieser blies denn auch recht kräftig. Da öffnete sich der alte, hohle Schoß der Weide und spaltete sich in zwei Teile bis hinab zu den Wurzeln. Und während sie entzweibrach, beweinte die Weide sich selbst und erkannte, daß sie geboren sei, um niemals etwas Gutes zu erfahren.

13. Die Flammen und die Kerze

Die Flammen, die schon einen Monat im Glasofen aushielten und eine Kerze in einem schönen, glänzenden Leuchter, sahen einander und bemühten sich mit großem Verlangen, zueinander zu kommen. Eine der Flammen verließ ihre natürliche Bahn, und schlüpfte in ein hohles Holzscheit, durch das sie sich hindurchfraß, und kroch am anderen Ende durch eine kleine Ritze heraus. Sie warf sich auf die Kerze, die ihr nahe war, und verzehrte sie mit höchster Gier und Gefräßigkeit fast bis zu ihrem Ende. Nun wollte sie nachhelfen, ihr eigenes Dasein zu verlängern, und strebte vergebens, in den

Ofen zurückzukehren, von dem sie sich geschieden hatte. Doch war sie gezwungen, zu sterben und hinzuschwinden, zugleich mit der Kerze, wobei sie sich schließlich weinend und bereuend in unausstehlichen Rauch verwandelte, während alle ihre Schwestern in glänzendem und langen Leben und Schönheit zurückblieben.

14. Der Wein und Mahomet

Der Wein, göttlicher Saft der Reben, befand sich in einem goldenen und reich verzierten Kelch auf der Tafel des Mahomet und geriet außer sich vor Freude über so viel Ehre. Und plötzlich kam ihm eine nachteilige Überlegung in den Sinn, und er sagte zu sich selbst: »Was mache ich? Worüber freue ich mich? Sehe ich denn nicht, daß ich meinem Tod nahe bin, wenn ich die goldene Behausung dieses Kelchs verlassen und in die häßlichen und übelriechenden Höhlen eines Körpers eintreten muß und mich aus duftendem und süßem Saft in abscheulichen und elenden Harn verwandeln werde. Und nicht genug des Übels. Ich muß auch noch lange in den greulichen Höhlen mit anderer stinkender und verfaulter Materie, die aus den menschlichen Eingeweiden kommt, liegen!« Er schrie zum Himmel auf und forderte Sühne für so viel Frevel und daß von nun an derartiger Mißachtung ein Ende gesetzt werde; da doch dieses Land die schönsten und besten Trauben der ganzen Welt hervorbringe, sollten sie wenigstens künftighin nicht zu Wein gemacht werden. Da veranlaßte Jupiter, daß der getrunkene Wein Mahomet zu Kopf stieg und sein Gehirn so benebelte, daß er darüber den Verstand verlor. Mahomet beging nun so viele Fehler, daß er, wieder zu sich gekommen, ein Gesetz erließ, das jedem Asiaten das Weintrinken verbot. Und von nun an blieben die Rebstöcke mit ihren Früchten unangetastet.

15. Die Maus, das Wiesel und die Katze

Die Maus, in ihrer winzigen Behausung vom Wiesel belagert, das mit beständiger Wachsamkeit ihren Verderb verfolgte, betrachtete durch eine kleine Spalte die große Gefahr. Inzwischen kam die Katze herbei, fing das Wiesel und verzehrte es sogleich. Die Maus aber, nachdem sie Jupiter mehrere ihrer Haselnüsse zum Opfer gebracht, dankte ihrem Gott außerordentlich und schlüpfte aus ihrem Loch hervor, um die schon verloren gedachte Freiheit recht zu genießen. Sie verlor sie sofort, zugleich mit ihrem Leben, durch die grausamen Krallen und Zähne der Katze.

16. Die Zunge und die Zähne

Die Fabel von der Zunge, die von den Zähnen gebissen wird.

17. Die Zeder und der Wind

Die Zeder, durch ihre eigene Schönheit anmaßend geworden, begann den Bäumen, die um sie standen, zu mißtrauen und ließ sie niederreißen. Doch der Wind, den nun keiner mehr aufzuhalten vermochte, warf sie entwurzelt zu Boden.

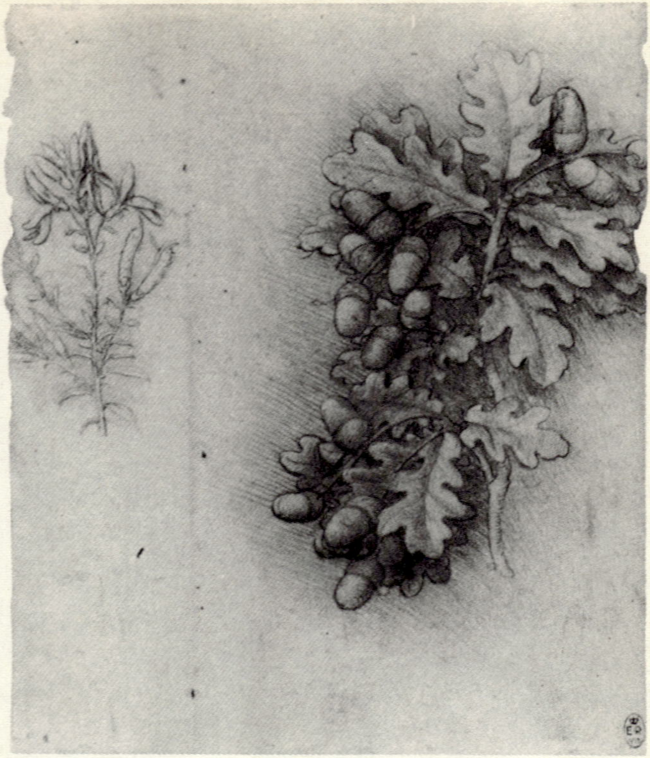

18. Die Ameise und das Hirsekorn

Die Ameise hatte ein Hirsekorn gefunden; als das Korn sich von ihr ergriffen fühlte, rief es: »Wenn du mir so viel Glück vergönnen wolltest, daß ich meinen Wunsch, zu keimen, erfüllen kann, werde ich mich selbst dir hundert Mal zurückerstatten.« Und so geschah es auch.

19. Die betrügerische Spinne

Die Spinne, die eine Weintraube gefunden hatte, welche wegen ihrer Süße von Bienen und allerlei Arten von Fliegen viel besucht war, glaubte, einen sehr bequemen Ort für ihre Betrügereien gefunden zu haben. Und nachdem sie sich an ihrem zarten Faden herabgelassen und den neuen Wohnsitz betreten hatte, den sie strahlenförmig über die Spalten legte, die aus den Zwischenräumen der einzelnen Beeren gebildet waren, griff sie jeden Tag als Dieb die armen Tiere an, die sich vor ihr nicht in acht nahmen. Nachdem einige Tage vergangen waren, kamen die Winzer, schnitten diese Traube ab, legten sie zu den übrigen, mit denen sie zusammen gepreßt wurde. So war die Traube Falle und Hinterhalt sowohl für die betrügerische Spinne als auch für die betrogenen Fliegen.

20. Die Waldrebe und die Wanderer

Die Waldrebe, in ihrer Hecke nicht zufrieden, begann mit ihren Ranken die Landstraße zu überschreiten und sich an die Hecke gegenüber zu heften, worauf sie von den Wanderern gebrochen ward.

21. Der Esel auf dem Eis

Der Esel war auf dem Eis eines tiefen Sees eingeschlafen; seine Wärme ließ das Eis schmelzen, der Esel wachte sehr zu seinem eigenen Bedauern unter Wasser auf, und er ertrank sogleich.

22. Der belohnte Schnee

Auf die Spitze eines Felsens geheftet, der auf den äußersten Grat eines ungeheuren Berges gestellt war, befand sich ein ganz klein wenig Schnee. Mit all seiner Phantasie begann der Schnee folgendes zu überlegen und sagte zu sich: »Nun, muß ich nicht für hochmütig und stolz gehalten werden, daß ich mich, klein winziges Teilchen Schnee, auf einen so hohen Ort gesetzt habe. Kann man den Anblick erdulden, daß eine solche Menge Schnee, als von mir aus zu sehen ist, tiefer unten bleibe? Sicher, meine Wenigkeit verdient nicht solche Höhe, denn ich habe recht gut erkannt, was mein kleiner Umfang bezeugt, was die Sonne gestern meinen Gefährten angetan, welche in wenigen Stunden von ihr geschmolzen wurden; und das geschah ihnen, weil sie sich höher gestellt, als es sich für sie gehörte. Ich will den Zorn der Sonne fliehen und mich erniedrigen und einen Ort finden, der zu meiner bescheidenen Größe paßt.« Und er warf sich in die Tiefe und begann den Abstieg, von den Almen über anderen Schnee hinwegrollend, und je tiefer er kam, desto mehr nahm er an Größe zu, so daß er, als er seinen Lauf beendet hatte, sich von fast nicht geringerer Größe auf einem Hügel fand, als der Hügel selbst war, der ihn trug. Und er war der letzte Schnee, welcher in jenem Sommer von der Sonne geschmolzen wurde. Dies sei jenen gesagt, die, weil sie sich selbst erniedrigen, erhöht werden.

23. Der Falke und die Ente
Der Falke war nicht mehr willens, mit Geduld das Versteckspiel zu ertragen, das die Ente mit ihm trieb, indem sie vor ihm floh und unter das Wasser ging. So wollte er es machen wie die Ente und sie unter dem Wasser verfolgen. Doch kaum waren seine Federn einmal naß, blieb er im Wasser, und die Ente, sich in die Lüfte erhebend, verspottete den Falken, der ertrank.

24. Die Spinne, die Fliege und die Hornisse
Die Spinne, die eine Fliege in ihrem durchsichtigen Netz fangen wollte, wurde auf diesem von der Hornisse grausam umgebracht.

25. Der Adler und die Eule
Der Adler, der die Eule verhöhnen wollte, blieb mit seinen Flügeln im Vogelleim hängen und ward von den Menschen gefangen und getötet.

26. Die Flamme und der Kessel
Ein klein wenig Feuer war in einer kleinen Kohle in der ausgekühlten Asche zurückgeblieben, und es nährte sich kümmerlich und dürftig von der wenigen Glut, die noch in ihm war. Es kam das Küchenmädchen, um wie gewöhnlich am Feuer ihre Kocharbeit zu verrichten. Sie ordnete das Holz auf der Feuerstelle und erweckte mit einem Kienspan ein fast erstorbenes kleines Flämmchen, mit dem sie das geordnete Holz entzündete. Darüber setzte sie den Kessel und ging ohne weitern Argwohn sicher und ruhig wieder fort. Nun erfreute sich das Feuer an dem trockenen Holz, das auf ihm lag, und es begann zu wachsen, indem es die zwischen den

Scheiten liegende Luft einfing und sich launisch fröhlich an ihnen entlangwand. Die Zwischenräume der Scheite, durch die es schimmerte, schienen zu lustigen Fenstern zu werden, und die leuchtenden rötlich funkelnden Flammen stießen hervor und verjagten plötzlich das schwarze Dunkel der verschlossenen Küche. Voll Freude scherzten die angewachsenen Flammen mit der sie umgebenden Luft, und, mit sanftem Geknister singend, erschufen sie einen süßen Klang. Und nachdem das Feuer schon stark angewachsen und recht groß geworden war, wurde aus seinem sanften und ruhigen Mut aufgeblähter und unerträglicher Stolz, da es sich gewissermaßen glauben machte, es zöge die höchsten Naturgewalten auf dieses bißchen Holz; und es begann zu spucken und die ganze umliegende Feuerstelle mit knallenden und sprühenden Funken auszufüllen. Schon streckten sich die Flammen gemeinsam der Luft entgegen und stießen dabei auf den Boden des Kessels über ihnen . . .

27. Die Krammetsvögel und das Käuzchen

Die Krammetsvögel freuten sich sehr, als sie sahen, daß der Mensch das Käuzchen fing, ihm die Freiheit nahm und es mit starken Banden um seine Beine fesselte. Dieses Käuzchen aber trug dann mit Hilfe der Leimrute dazu bei, daß die Krammetsvögel nicht nur die Freiheit, sondern ihr eigenes Leben verloren.

Diese Fabel gilt für jene Länder, die sich darüber freuen, wenn ihre Oberhäupter die Freiheit verlieren, obgleich sie dadurch keinen Beistand mehr erhalten und der Gewalt der Feinde ausgeliefert werden, so daß auch sie ihre Selbständigkeit und oft auch das Leben verlieren.

28. Der Floh und der Hund

Der Hund schlief auf dem Fell eines Hammels. Einer seiner Flöhe verspürte den Geruch der fetten Wolle und befand, dies müsse wohl ein Ort besseren Lebens sein, sicherer vor den Zähnen und Krallen des Hundes und sicherer vor dem Hund selbst; also verließ er den Hund ohne weitere Gedanken. Kaum in die dichte Wolle hineingekrochen, begann er mit höchster Anstrengung, zu den Wurzeln der Haare durchzudringen, welches Unternehmen er, nachdem er sehr viel Schweiß verloren, als eitel fand, weil der Haare so viele waren, daß sie einander fast berührten, und es fand sich keine kahle Stelle, wo der Floh sich an der Haut gütlich tun konnte. Nach langer Drangsal und Plage wollte er zu seinem Hund zurückkehren, doch der war schon davongelaufen. Also mußte der Floh nach langer Reue und bitteren Tränen verhungern.

29. Der jagende Krebs

Der Krebs hielt sich unter einem Felsblock auf, um die Fische zu fangen, die unter jenen schwammen. Es kam das Hochwasser, und Steine stürzten herab, und über den Krebs rollend zerschmetterten sie ihn.

30. Die Spinne und die Fliegen

Die Spinne, die sich zwischen den Beeren der Traube aufhielt, fing die Fliegen, die sich von der Traube nährten; es kam die Weinlese, und die Spinne wurde mitsamt den Trauben zermalmt.

31. Die alte Weinrebe und der alte Baum
Die Weinrebe, auf dem morschen Baum alt geworden, fiel zugleich mit seinem Ableben und mußte in trauriger Gemeinsamkeit mit dem Baum zugrunde gehen.

32. Der Wildbach und sein neuer Lauf
Der Wildbach führte so viele Steine und Erde in seinem Bett mit sich, daß er gezwungen wurde, seinen Lauf zu verändern.

33. Die Fische und das Netz
Das Netz, das die Fische zu fangen pflegte, wurde von ihnen gepackt und von der Wut der Fische fortgetragen.

34. Der Schneeball
Der Schneeball rollte von den Bergen, und je mehr Schnee er im Rollen auffing, desto schneller nahm er an Größe zu.

35. Die Weide und die Weinrebe
Die Weide ließ ihre Triebe ganz lang wachsen, da sie gewillt war, jeden anderen Baum zu überragen. Da sie aber mit der Weinrebe in Gemeinschaft lebte, die man jedes Jahr beschnitt, wurde auch sie immer wieder verstümmelt.

36. Die Spinne und der Schlüssel
Die Spinne, die glaubt, im Schlüsselloch Ruhe gefunden zu haben, findet den Tod.

37. Das Rasiermesser und der Rost

Eines Tages glitt das Rasiermesser aus seiner Scheide und legte sich in die Sonne und sah die Sonne sich in seinem Metall widerspiegeln; erfüllt von diesem Glanz, wendete es seine Gedanken hin und her und sagte zu sich: »Werde ich jetzt noch in das Gehäuse zurückkehren, aus dem ich gerade gekommen bin? Sicher nicht! Den Göttern kann es nicht gefallen, daß solch glanzvolle Schönheit in so etwas Erbärmlichem gefangen ist. Welcher Wahnsinn wäre es, der mich dazu verleitete, die eingeseiften Bärte der Bauerntölpel zu rasieren und mechanische Arbeit zu tun! Ist dieser Körper für solche Tätigkeit geschaffen? Wahrhaftig nicht. Ich will mich an einem heimlichen Ort verbergen und da in beschaulicher Ruhe mein Leben verbringen.« Und nach einigen Monaten kehrte es an die Luft zurück, glitt aus seiner Scheide, in der es versteckt gewesen, und sah, daß es Ähnlichkeit mit einer rostigen Säge hatte, und seine Oberfläche nicht mehr die leuchtende Sonne widerspiegelte. Aus tiefer Reue beweinte es vergebens den nicht wieder gutzumachenden Fehler und sagte zu sich: »Um wieviel besser war es beim Barbier, meine so überaus feine Schneide zu üben! Wo ist jetzt die glänzende Oberfläche? Sicher, der lästige und abscheuliche Rost hat sie verzehrt!« Genauso ergeht es den Begabten, die Tätigkeit gegen Müßiggang tauschen und ähnlich dem hier genannten Rasiermesser den feinen Scharfsinn verlieren, da der Rost der Unwissenheit den Geist verdirbt.

38. Der Stein und seine Brüder

Ein Stein, vor kurzem erst vom Wasser bloßgelegt und von schöner Größe, lag auf einem sicheren erhöhten Platz, an dem ein hübsches Wäldchen endete, hoch über einer steinigen Straße, in Gesellschaft von Kräutern, die von allerlei Blüten in mannigfachen Farben geschmückt waren. Und er sah die große Menge der Steine, die auf der unter ihm gelegenen Straße versammelt waren. So kam ihm der Wunsch, sich da hinabfallen zu lassen, und er sagte zu sich: »Was tue ich hier bei diesen Kräutern? Ich will mit diesen meinen Geschwistern zusammenleben.« Und er ließ sich hinabfallen und endete seinen holpernden Lauf bei seinen Gefährten. Nachdem er eine Weile dagelegen, wurden ihm die Wagenräder, die Hufe der eisenbeschlagenen Pferde und die Sohlen der Wanderer zur ständigen Qual. Einer wälzte ihn, ein anderer zerrieb ihn; manches Mal erhob er sich ein wenig, wenn er von Schmutz und Unrat eines Tieres bedeckt wurde, und vergebens betrachtete er den Ort des einsamen und ruhigen Friedens, den er verlassen hatte.

So ergeht es jenen, die aus dem stillen und beschaulichen Leben weg in die Stadt kommen wollen, zwischen Menschen voll unendlicher Bosheit.

39. Der Stein und der Feuerstahl

Der Stein, vom Feuerstahl geschlagen, wunderte sich sehr und sagte diesem mit strenger Stimme: »Welcher Wahn bewegt dich, mir so weh zu tun? Füge mir nicht weiter Schmerz zu, denn du hast mich verwechselt. Ich habe niemals jemandem etwas zuleide getan.« Darauf antwortete der Feuerstahl: »Wenn du geduldig bist, wirst du sehen, was für eine wunderbare Erscheinung aus dir hervorgehen wird.« Auf diese Worte gab der Stein Frieden, hielt mit Geduld der Marter stand und sah, wie aus ihm das wunderbare Feuer geboren wurde, welches mit seiner Kraft zahllose Dinge bewirkte.

Diese Fabel erzählt man jenen, welche anfangs das Studium scheuen; doch die, wenn sie gelernt haben, sich zu beherrschen und mit Hingabe und Geduld an ihren Studien zu arbeiten, Dinge von wunderbarer Erscheinung aus sich hervorgehen sehen.

40. Der Falter und das Licht

Der bunte Falter, der in finsterer Nacht umherschwärmte und irrte, sah ein Licht, dem er sofort zueilte; er umkreiste es einige Male und staunte sehr über so viel Schönheit. Und nicht zufrieden damit, es nur zu betrachten, ging er daran so zu tun, wie er es mit den duftenden Blumen zu tun pflegte: Er richtete seinen Flug kühnen Muts in die Nähe des Lichts, das ihm die Flügelspitzen, die Beine und anderes Schmückendes verbrannte. Er sank zu Boden und betrachtete mit Verwunderung das Geschick, in das er geraten war, da es ihm nicht in den Sinn kommen wollte, daß von so schöner Sache Schaden oder Unheil ausgehen könnte; nachdem er seine versagenden Kräfte ein wenig gestärkt hatte, begann er einen zweiten Flug; und als er dieselbe Lichtquelle noch einmal durchquerte, stürzte er, im Nu verbrannt, in das Öl, das dieses Licht nährte, und es blieb ihm noch so viel Lebenskraft, daß er die Ursache seiner Vernichtung betrachten konnte und zu ihm sagte: »O verwünschtes Licht! Ich glaubte, in dir mein Glück gefunden zu haben; vergebens beweine ich den wahnwitzigen Wunsch, denn zu meinem Schaden habe ich deine verzehrende, gefährliche Natur erkannt.« Worauf das Licht erwiderte: »So tue ich jedem, der mit mir nicht gut umzugehen weiß.«

Die Fabel erzählt man jenen, die gleich dem Schmetterling ausschweifenden und weltlichen Vergnügungen zueilen, ohne Rücksicht auf deren Inhalte; diese erkennen die Menschen erst nach langer Erfahrung, und dann meist zu ihrer Schande und ihrem Schaden.

41. Das Wasser des Meeres

Das Wasser hatte, als es sich im stolzen Meer so recht in seinem Element befand, plötzlich Lust, in die Luft emporzusteigen; sein Wunsch wurde vom Feuer unterstützt, das es als feinen Dunst emportrug, bis es fast so dünn wie die Luft wurde. Hoch oben traf es auf die noch dünnere und kältere Luft, wo es vom Feuer verlassen wurde. Und die winzig kleinen Tröpfchen, die dort zusammengedrängt sind, vereinigten sich und wurden schwer. Während des Sinkens kam der Hochmut zu Fall und stürzte als Wasser vom Himmel. Es wurde dann von der trockenen Erde aufgesogen, blieb lange Zeit in ihr eingekerkert und tat Buße für seine Sünde.

42. Das Licht und die Kerze

Das Licht und das Feuer fressen gierig an der Kerze. Indem sie die Kerze verzehren, verzehren sie sich selbst.

43. Die Rache des Weines

Der Wein, den ein Trunkenbold säuft, rächt sich an seinem Trinker.

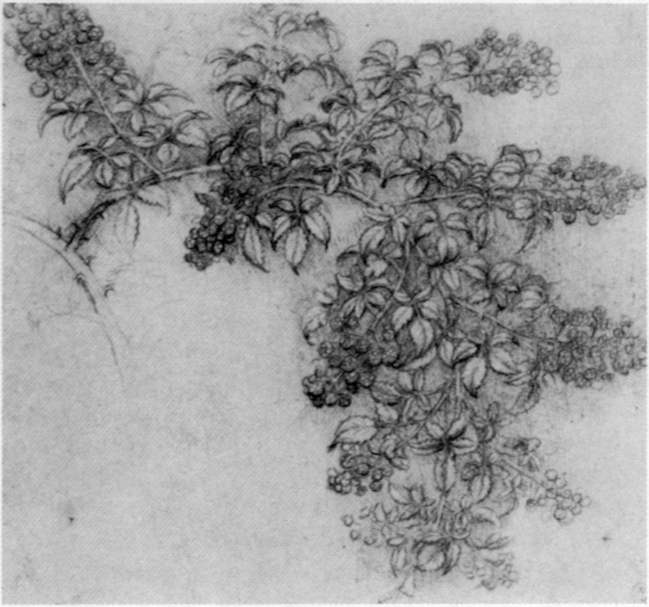

44. Die Tinte und das Papier

Die Tinte, die sich in ihrer Schwärze durch die weiße Farbe des Papiers gestört fühlte, war darüber verärgert. Das Papier, das sich durch die tiefe Schwärze der Tinte beschmutzt sah, beklagte sich darüber. Dies zeigt, daß die Worte, die auf dem Papier stehen, Ursache für die Erhaltung des Papieres sind.

45. Das Feuer und das Wasser

Das Feuer sagte zum Wasser, das auf ihm in einem Topf kochte, daß es nicht verdiene, über dem Feuer, dem König der Elemente, zu stehen; deshalb wolle es mit seiner Hitze das Wasser aus dem Topf vertreiben. Worauf das Wasser, wie um seine Ehrfurcht zu bezeigen, überläuft und das Feuer ertränkt.

46. Das Messer und die Nägel

Das Messer, eine künstliche Waffe, bringt den Menschen um seine Nägel, seine natürliche Waffe.

47. Der Spiegel und die Königin

Der Spiegel strahlt so sehr, solange sich die Königin in ihm widerspiegelt; doch sobald sie fortgeht, verblaßt er.

48. Das Eisen und der Wind

Das schwere Eisen wird durch die Feile feinst zerkleinert, daß es durch einen zarten Wind weggetragen werden kann.

49. Die Pflanze und der Stock

Die Pflanze beklagt sich über den alten und dürren Stock, der neben ihr steht und über die trockenen Dornen, die sie umgeben. Aber der eine hält sie aufrecht, die anderen hüten sie vor schlechter Gesellschaft.

50. Die Auster, die Ratte und die Katze

Die Auster, die zusammen mit anderen Fischen im Hause des Fischers nahe am Meer abgeladen wurde, bittet die Ratte, daß sie sie zum Meer zurückführe. Die Ratte, die sie fressen wollte, macht, daß sie sich öffnete. Und als sie zubeißen will, schließt sich die Auster und hält sie fest. Da kommt die Katze und frißt sie.

51. Der Bauer und die Rebe

Als der Bauer den Nutzen, der von seinen Weinreben kam, erkannte, gab er ihnen genug Stützen, damit sie sich an ihnen emporrankten, und alsbald erntete er die Früchte, entfernte die Ranken, ließ sie fallen und machte aus den Stützen ein Feuer.

52. Die Lilie am Ufer

Die Lilie ließ sich am Ufer des Tesino nieder. Da kam die Strömung und riß Böschung und Lilie mit sich fort.

53. Der wilde Busch und sein edler Trieb

Der wilde Busch, dem man edle Triebe aufpfropft, ist vergleichbar jenem, der wohl nicht zum Guten bestimmt, jedoch mit hilfreicher Unterstützung die nützlichsten Tugenden zeigt.

54. Der Flachs und der Tod

Der Flachs symbolisiert Tod und Verwesen alles Lebendigen: er symbolisiert den Tod, der Vögel, Säugetiere und Fische ereilt, weil sie in Netze und Schlingen aus Flachs geraten, und er symbolisiert das Verwesen wegen der Linnengewebe, in die man Leichen wickelt und beerdigt, und die sodann darin vermodern.

Und weil die Flachsfasern nie zerfallen und also auch nicht zu faulen und zu modern vermögen, sollte man die Totenbahren mit Flachspflanzen bekränzen und schmücken.

55. Der Maler und die Natur

Der Maler disputiert und wetteifert mit der Natur.

56. Die Feder und das Federmesser

Eine notwendige Gemeinschaft führt die Feder mit dem Federmesser; und es ist gleichermaßen eine nützliche Gemeinschaft, da der eine ohne den anderen nicht viel wert ist.

SCHÖNE SCHWÄNKE

1. Der Mann mit dem Schwert

Ein Mann sah, daß ein anderer ein großes Schwert an seiner Seite trug, und sagte: »O du Armer! Seit einiger Zeit sehe ich dich schon an diese Waffe gebunden. Warum legst du sie nicht ab, dann hättest du die Hände frei und wärst ein ungebundener Mann.« Darauf entgegnete der andere: »Diese Sache geht dich nichts an, zumal sie ein alter Brauch ist.« Über die Antwort verärgert, erwiderte der Mann: »Ich kenne dich als einen, der von unserer Welt so wenig begreift, daß ich glaubte, jede länger bekannte Tatsache wäre für dich eine Neuigkeit.«

2. Die Wette um die Strümpfe

Ein Mann rühmte sich im Gespräch, vielerlei schöne Spiele zu kennen. Dazu sagte einer der Umstehenden: »Aber ich kenne ein Spiel, in dem jeder nach meinem Gutdünken Hosen überzieht.« Der erste Prahler, der keine Beinkleider trug, erwiderte: »Ach wo, mich wirst du keine überziehen machen. Und gehe es um ein paar Strümpfe!« Der Mann, der die Wette vorgeschlagen hatte, nahm die Einladung an, verschaffte sich mehrere Paare Beinkleider und zog sie in raschem Schwung dem, der die Strümpfe eingesetzt hatte, über das Gesicht und gewann so die Wette.

3. Die Augen und ihre Farbe

Ein Mann sagte zu einem seiner Bekannten: »Deine Augen haben aber eine sonderbare Farbe angenommen.« Und jener erklärte, daß ihm das oft geschähe. »Aber hat es dich denn nie bekümmert? Und wann ergeht es dir so?« fragte der andere. Da entgegnete der

Mann: »Jedes Mal, wenn meine Augen dein sonderbares Gesicht erblicken; das Mißfallen löst einen solchen Schreck aus, daß sie erblassen und eben diese sonderbare Farbe annehmen.«

4. Die Heimat und ihre Besonderheiten
Ein Mann sagte, daß seine Heimat die sonderbarsten Dinge der Welt hervorbrächte, und ein anderer erwiderte: »Du selbst, der du dort geboren bist, bestätigst deine Worte als wahr: durch dein wunderlich häßliches Äußeres.«

5. Die Wanderer
Zwei Wanderer gingen des Nachts einen unheimlichen Weg entlang, und aus dem Hintern des vorderen kam ein kräftiger Furz. Da sagte sein Begleiter: »Jetzt höre ich, daß du mich brauchst.« »Wie?« fragte der vordere. »Du machst mir Mut, nicht davonzulaufen. So kann ich dir auch nicht verlorengehen.«

6. Die Wäscherin und der Pfarrer
Eine Frau wusch Kleider und wegen des kalten Wassers bekam sie ganz rote Beine. Ein Pfarrer, der an ihr vorbeispazierte, fragte sie voller Verwunderung, woher denn eine solche Röte wohl käme, und die Frau erwiderte schlagfertig, daß sich eine derartige Wirkung bei ihr dann einstellte, wenn sie zwischen ihren Schenkeln Feuer verspürte. Darauf legte der Pfarrer seine Hand auf jenes Glied, das ihn mehr als Pfarrer denn als Nonne auszeichnete, und indem er nahe an die Frau herantrat, bat er sie mit leiser und sanfter Stimme um die Gefälligkeit, an ihrem Feuer ein wenig seine Kerze entzünden zu dürfen.

7. Der Pfarrer und der Maler

Ein Pfarrer, der am Karsamstag durch seine Gemeinde ging und, wie es Brauch ist, die Häuser mit Weihwasser segnete, kam dabei auch in die Werkstatt eines Malers, in der er das Weihwasser über einige der Bilder sprengte. Da wandte sich der Maler ärgerlich an ihn und fragte, warum er denn seine Gemälde so naß spritze. Darauf sagte der Geistliche, so sei es Brauch und seine Pflicht zu tun; denn er tue damit etwas Gutes, und wer Gutes tue, habe auch Gutes und sogar noch Besseres zu erwarten; denn Gott habe versprochen, daß man für alles Gute, das man auf Erden tue, von oben das Hundertfache erhalten werde. So wartete der Maler, bis der Pfarrer gegangen war, dann öffnete er oben das Fenster und goß ihm einen großen Kübel Wasser über den Kopf und rief: »Da, nun kriegst du von oben das Hundertfache, wie du selbst sagtest, für das gute Werk, das du mir durch dein heiliges Wasser getan, mit dem du die Hälfte meiner Bilder verdarbst.«

8. Der Kaufmann und die Mönche

Die Minoriten pflegen zu bestimmten Zeiten gewisse Fastengebote einzuhalten, während derer sie in ihren Klöstern kein Fleisch essen. Auf Reisen aber, wenn sie von Almosen leben, haben sie die Erlaubnis, das zu essen, was ihnen vorgesetzt wird. Als sich daher einmal zwei Minoritenmönche zusammen mit einem Kaufmann in einem Wirtshaus niederließen und gemeinsam mit ihm an einem Tisch saßen, wurde ihnen, da es ein armes Wirtshaus war, nichts anderes vorgesetzt als ein gekochtes Huhn. Der Kaufmann erkannte, daß das Huhn kaum ihm allein reichen würde, und so wandte er sich an die Mönche und sagte zu ihnen: »Wenn ich mich recht entsinne, eßt ihr an diesen Tagen in euren Klöstern keinerlei Fleisch.« Auf diese Worte hin waren die Mönche ohne jegliche spitzfindige Einwände gezwungen zuzugeben, daß dies der Wahrheit entspräche. Also war die Gier des Krämers beruhigt, und er aß das Huhn ganz alleine auf. Und die Mönche machten, so gut sie konnten, das Beste daraus.

Nun, nach diesem Mahl brachen die drei Tischgenossen gemeinsam zur Weiterreise auf und kamen nach einer kurzen Wegstrecke an einen ziemlich breiten und tiefen Fluß. Da sie alle drei zu Fuß waren (die Mönche aus Armut, der Krämer aus Geiz), gebot es, wie bei Reisegesellschaften üblich, die Not, daß einer der Mönche, nachdem er sich seiner Holzsandalen entledigte, den Krämer auf seinen Schultern durch den Fluß zu tragen hatte. Also gab der Mönch dem Krämer seine Holzsandalen zur Verwahrung und lud ihn sich auf. Nun geschah es, daß sich der Mönch in der Mitte des Flusses einer weiteren Ordensregel entsann. Er blieb stehen, und vergleichbar dem heiligen Christophorus hob er den Kopf zu dem, der schwer auf ihm lastete und fragte: »Sag mir doch noch, trägst du auch kein Geld bei dir?« »Das weißt du sehr wohl«, antwortete der Krämer. »Glaubst du denn, daß Kaufleute meinesgleichen ohne Geld herumreisen?« »O weh!« rief da der Mönch, »eine Ordensregel gebietet uns, daß wir kein Geld bei uns tragen dürfen!« Und augenblicklich warf er den Kaufmann ins Wasser. Der Krämer erkannte aber wohl, daß die ihm zugefügte Kränkung scherzhaft gemeint und er durch sie gestraft worden war. Er ertrug diese Rache friedlich, mit heiterem Lachen, aber vor Scham halb errötet.

9. Der wahre Freund

Ein Mann beendete den Umgang mit einem seiner Freunde, weil ihm dieser zu oft Übles über seine eigenen Freunde erzählt hatte. Der Verlassene beklagte sich deshalb eines Tages bei seinem Freunde und bat ihn nach heftigem Lamentieren, ihm doch zu sagen, warum er die gemeinsame Freundschaft habe vergessen können. Da antwortete ihm der Mann: »Ich will mit dir nicht mehr verkehren, weil ich dir gut bin und nicht will, daß du anderen Übles von mir, deinem Freunde, erzählst. Denn diese anderen werden – wie ich – von dir einen schlechten Eindruck gewinnen, weil du ihnen von mir, deinem Freunde, Übles erzähltest. Wenn wir nun nicht mehr miteinander verkehren, wird es scheinen, wir seien Feinde geworden, und wenn du weiter, wie es deine Gewohnheit ist, schlecht von mir sprichst, wirst du nicht so sehr getadelt werden, als wenn wir weiter miteinander verkehrten.«

10. Pythagoras und der Müller

Ein Mann, der unter Berufung auf Pythagoras beweisen wollte, daß er schon viele Male auf der Welt gewesen war, wurde von einem anderen an seiner Beweisführung gehindert, worauf der Mann ihm sagte: »Und als Beweis, daß ich schon einmal in meinem Leben hier war, höre dies: Ich erinnere mich, daß du damals ein Müller warst.« Der so Angesprochene ärgerte sich über diese Worte, bestätigte dann aber, daß es wahr sei, denn er erinnere sich nun im Gegenzuge auch daran, daß jener damals der Esel gewesen sei, der ihm das Mehl getragen habe.

11. Der Maler und seine Kinder

Ein Maler wurde gefragt, warum er denn seine Gestalten, die doch tote Gegenstände wären, so schön darstellte, und warum er wohl seine eigenen Kinder so häßlich gemacht hätte. Darauf erwiderte der Maler: »Meine Gemälde, die mache ich bei Tag, und meine Kinder, die mache ich eben bei Nacht.«

12. Denkspruch, den ein Jüngling einem Greis gab

Ein Greis verhöhnte einmal einen Jüngling öffentlich und gab ihm kühn zu verstehen, daß er den Jüngling nicht fürchte. Da antwortete der Jüngling ihm, daß das hohe Alter dem Greis ein besserer Schild wäre als seine Zunge oder seine Kraft.

13. Frau Gütig

Ein Kranker, der im Sterben lag, hörte an seiner Türe pochen, und als er seinen Diener fragte, wer da um Einlaß begehrte, sagte dieser ihm, es sei eine Dame, die sich Frau Gütig nenne. Da hob der Kranke seine Arme zum Himmel und dankte Gott mit lauter Stimme; dann befahl er seinem Diener, er möge die Dame ganz schnell eintreten lassen, damit er noch eine gütige Frau sehen könne, ehe er stürbe, da er zeit seines Lebens niemals einer solchen begegnet sei.

14. Der Langschläfer

Einem Langschläfer wurde gesagt, er möge doch aus seinem Bette aufstehen, denn die Sonne sei schon aufgestanden. Er aber antwortete: »Wenn ich eine solche Reise wie die Sonne vor mir hätte und so viel zu tun hätte wie sie, wäre ich auch schon aufgestanden; da ich aber nur einen kurzen Weg vor mir habe, bleibe ich noch im Bett.«

15. Der Handwerker und der Herr

Ein Handwerker besuchte des öfteren, ohne ein besonderes Anliegen zu nennen, einen hohen Herrn. So fragte ihn der Herr, was er denn bei ihm suche, und der Handwerker antwortete, daß er komme, um sich ein Vergnügen zu bereiten, das der Herr selbst nicht haben könne; er sähe nämlich, wie andere Bürgersleute auch, gern Herren, die mächtiger seien als er; der Herr aber könne nur Menschen von niedrigerem Stand sehen, und deshalb können die Herren ein derartiges Vergnügen nicht erkennen.

16. Der Mann und der Zoll

Ein Mann ging nach Modena und mußte fünf Soldi Zoll für sich bezahlen. Dieser Tatsache brachte er so große Bewunderung und Staunen entgegen, daß er deswegen viele Umstehende anlockte, die ihn fragten, wieso er denn gar so verwundert sei. Da antwortete Maso ihnen: »Oh, sollte ich mich nicht darüber wundern, daß ein jeder Mann nicht mehr als fünf Soldi zu bezahlen hat? In Florenz muß ich, wenn ich nur meinen Schwanz in die Stadt stecke, gleich zehn Golddukaten zahlen. Und hier hinterlege ich für meinen Schwanz, die Hoden und den ganzen Rest, nur einen so geringen Zoll. Gott schütze und erhalte eine solche Stadt und den, der sie regiert!«

17. Die Frau und der Lanzenreiter

Ein Mann sah, wie eine Frau sich anschickte, den Tisch für ein Lanzenrennen herzurichten. Er besah sich erst den alten Tisch und dann seine Lanze; da rief er aus: »O weh! Dieser hier ist ein zu kleiner Geselle für ein so großes Geschäft!«

18. Die Dirne und das Ziegenhorn

Eine Dirne zeigte dem Pfarrer ein Ziegenhorn, um es mit dem seinigen zu vergleichen; da holte sie sich den dicken, und der Pfarrer den Spott.

19. Die Frau im Durchgang

Eine Frau trat in den trüben und schlammigen Durchgang der »Drei Wahrheiten«, und hier lüpfte sie ihre Kleider hinten und vorne hoch, berührte mit den Händen Fotze und After und sagte: »Auch das ist ein trüber Durchgang.«

20. Der Vergleich

Es war einmal ein Taugenichts, der feist war wie ein Kürbis oder eine Melone bei reichlich Feuchtigkeit oder wie eine angeschwollene Pflaume bei zuviel Regen. Nein, nicht gut gesagt. Weißt du, wem er gleicht? Er gleicht ganz und gar einem kahlköpfigen Tölpel, der den Kohl oder das Kürbisblatt vermißt, woraus der Milchschorf läuft. Sag an Sandro, gleicht er nicht dir? Ich sage dir, und es fällt mir nicht leicht, es stimmt.

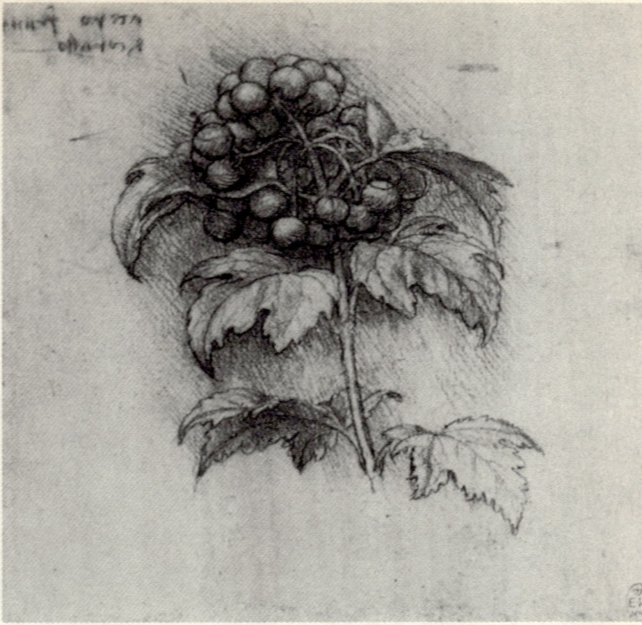

21. Die rechtmäßige Herkunft

Da warf ein Mann einem anderen, rechtschaffenen, vor, daß er illegitim geboren wäre. Und darauf erklärte jener, daß er nach menschlichen Regeln und dem Gesetz der Natur sehr wohl rechtmäßiger Abstammung sei, daß aber nach diesen Gesetzen, er, der ihm dies vorwerfe, ein Bastard wäre; denn sein Benehmen gliche eher dem eines wilden Tieres als dem eines Menschen, so daß er nach menschlichen Gesetzen sicher nicht rechtmäßiger Herkunft sei.

22. Der Kaufmann und der Dieb

Ein Dieb wußte, daß ein Kaufmann, den er kannte, reichlich Geld in seiner Ladenkasse hatte, und er gedachte, es zu stehlen. Als er um Mitternacht in den Laden des Kaufmanns eingedrungen war, und Anordnungen traf, sein Vorhaben auszuführen, entdeckte er plötzlich, daß das Geschäft nicht mit dem großen Riegel versperrt war. Inzwischen richtete der Kaufmann mit großem Schrecken seine Augen auf die Schlitze, durch die das Licht des Diebs drang, und augenblicklich schob er den Riegel von außen vor. Und als er so den Dieb im Laden eingesperrt hatte, lief er schnurstracks zur Familie des Statthalters. Der eingesperrte Dieb aber überlegte eiligst einen Ausweg zu seiner Rettung. Dafür entzündete er zwei Kerzenleuchter des Kaufmanns, zog ein paar Spielkarten hervor, warf den Teil, der aus den schlechten Karten bestand, auf den Boden und behielt ebensoviele, aber die guten, in der Hand. Und so erwartete er die Gefolge des Statthalters. Diese traf alsbald mit ihren Reitern ein, und der Dieb, der im Laden hörte, wie die Tür aufgeriegelt wurde, schrie los: »Bei allem Gottvertrauen! Du hast mich hier eingesperrt, weil du mir nicht das Geld zahlen willst, das ich von dir gewonnen habe. Aber ich schwöre dir, daß du es mir wiedergeben mußt, denn der soll nicht spielen, der auch nicht verlieren kann. Ein halbes Spiel hast du gegen meinen Willen mit mir gemacht und dann, als du verlorst, bist du mit meinem und deinem Geld geflohen und sperrtest mich ein, weil ich dir nicht gleich folgte!« Nachdem er so gezetert hatte, streckte er seine Hand nach der Geldbörse aus, um sie von der Seite des Kaufmanns zu reißen. Da ließ sich der Statthalter, der meinte, betrogen worden zu sein, vom Kaufmann das Geld geben, von dem der wieder behauptete, es wäre seines.

23. Der arme und der reiche Mann

Ein armer Mann sagte zum Diener eines hohen Herrn, er solle diesem Herrn melden, daß einer seiner Brüder hier angekommen wäre und ihn dringend zu sprechen verlange. Als der Diener diese Botschaft vorgetragen hatte, wurde ihm befohlen, diesen Bruder einzulassen. Der trat vor den Herrn und machte ihm weis, daß er, da alle Menschen Nachkommen vom Urvater Adam wären, auch er sein Bruder sei, und daß er ihn bitte, da nun doch alle Besitztümer ungerecht verteilt seien und er nur mit Mühe von Almosen leben könne, die ach so große Armut doch von ihm zu nehmen. Da antwortete ihm der Herr, daß eine solche Bitte sehr wohl gerechtfertigt sei, und er ließ nach dem Schatzmeister rufen und ihm einen Saldo aushändigen. Darüber war der arme Mann zutiefst erstaunt und sagte, daß man dies von einem Mitbruder doch nicht verlangen könne. Da sagte der Herr, er habe so viele mit ihm vergleichbare Mitbrüder, daß, gäbe er einem jeden von ihnen soviel Geld, am Ende für ihn selbst nichts mehr übrig bleibe und gerade dieser Saldo noch ausreiche, sein Hab und Gut zu teilen. Und so nahm er ihm das kleine Vermögen mit höflicher Ehrerbietung wieder ab.

PROPHEZEIUNGEN

1.
Man wird Raubtiere von der Art der Löwen sehen, die mit ihren bekrallten Pranken die Erde aufreißen werden; sie werden Gruben ausheben, in denen sie selbst und die anderen ihnen unterlegenen Tiere begraben werden.

2.
Aus der Erde werden unheimlich gestaltete Tiere hervorkommen, die in unglaublichen Angriffen das menschliche Geschlecht überfallen und zerfleischen werden. Und die wilden Bestien werden das von ihnen vergossene Blut auflecken.

3.
Und noch etwas: Durch die Luft werden ruchlose, geflügelte Wesen eilen, die über Menschen und Tiere herfallen und sie mit großem Geschrei auffressen werden. Und sie werden sich ihre Bäuche mit deren zinnoberrotem Blut füllen.

4.
Man wird Blut aus dem zerfetzten Fleisch und über die äußeren Körperteile der Menschen rinnen sehen.

5.
Man wird an den Menschen solch grausame Krankheiten sehen, daß sie mit eigenen Nägeln ihr Fleisch zerreißen werden.
Es wird der Aussatz sein.

6.
Man wird Pflanzen ohne Blätter und die Flüsse in ihrem Lauf innehalten sehen.

7.
Das Wasser des Meeres wird über die hohen Gipfel der Berge himmelwärts steigen und wieder auf die Häuser der Menschen herabfallen.
Nämlich aus den Wolken.

8.
Man wird die höchsten Bäume des Waldes von der Wut der Stürme vom Orient zum Okzident getragen sehen.
Nämlich vom Meer.

9.
Die Menschen werden ihre eigenen Nahrungsvorräte wegwerfen.
Das heißt: säend.

10.
Das menschliche Geschlecht wird so weit kommen, daß der eine die Sprache des anderen nicht mehr versteht.
Nämlich ein Deutscher nicht den Türken.

11.
Man wird sehen, wie Väter ihre Töchter der Wollust von Männern preisgeben und sie ausstatten und jegliche vorangegangene Aufsicht vernachlässigen werden.
Dann, wenn sie die Mädchen vermählen.

12.
Die Menschen werden, in fliegende Wesen verwandelt, aus den Gräbern kommen, und sie werden anderen Menschen die Nahrung aus deren Händen und von den Tischen nehmen.
Die Fliegen.

13.
Zahlreich werden jene sein, die ihre Mutter schinden und ihr die Haut abschürfen.
Die Landarbeiter.

14.
Glücklich werden die sein, die den Worten der Toten Gehör schenken.
Gute Werke lesen und sie beachten.

15.
Federn werden die Menschen, so wie die Vögel auch, gegen den Himmel heben.
Das heißt durch die Literatur, die mit diesen Federn geschrieben.

16.
Die menschlichen Werke werden der Grund für ihren Tod sein.
Die Schwerter und Lanzen.

17.
Die Menschen werden jener Sache nachstellen, die sie am meisten fürchten.
Das heißt: sie werden elend sein, um nicht ins Elend zu geraten.

18.
Getrennte Dinge werden zusammenfinden und als Einheit eine solche Kraft erhalten, daß sie den Menschen das verlorene Gedächtnis wiedergeben.
Es ist das Papier, das aus einzelnen Fasern gemacht wird, auf dem die menschlichen Taten und Werke in Erinnerung bleiben.

19.
Man wird die Gebeine von Toten in flinken Sprüngen über das Glück derer beschließen sehen, die sie in Bewegung setzen.
Die Würfel.

20.
Rinder werden mit ihren Hörnern das Feuer vor seinem Tod schützen.
Die Laternen.

21.
Die Wälder werden Kinder gebären, die zur Ursache ihres Todes werden.
Der Stiel der Axt.

22.
Die Menschen werden das hart schlagen, das die Grundlage für ihr Leben sein wird.
Sie werden das Getreide dreschen.

23.
Tierhäute werden die Menschen zu lautem Schreien und Fluchen bringen, und sie aus ihrem Schweigen locken.
Die Spielbälle.

24.
Sehr oft wird eine gespaltene Sache die Ursache von großer Einheit werden.
Das ist der Webkamm aus gespaltenem Rohr, der die Fäden zur Leinwand vereinigt.

25.
Der Wind, der durch die Häute der Tiere streicht, wird die Menschen hüpfen lassen.
Das ist der Dudelsack, der die Leute tanzen macht.

26. Von den geschundenen Nußbäumen.
Jene, die ihr Bestes gegeben, werden am meisten geschunden; den Kindern, die man ihnen entrissen, wird man die Haut abziehen und wegreißen; und man wird sie zerbrechen und ihre Knochen zertrümmern.

27. Von den Skulpturen.
Ach, was sehe ich! Der Heiland aufs neue gekreuzigt!

28. Vom Mund des Menschen, der ein Grab ist.
Großes Geschrei wird aus den Gräbern jener kommen, die eines üblen und gewaltsamen Todes gestorben sind.

29. Von Tierhäuten, die den Sinn von alldem bewahren, was auf ihnen geschrieben steht.
Je mehr man mit den Häuten, der Hülle der Gefühle sprechen wird, desto mehr Weisheit wird man erlangen.

30. Von den Priestern, die die Hostie im Leib tragen.
Man wird einmal fast alle Tabernakel, in denen sich der Leib des Herrn befindet, offenbar von selbst verschiedene Wege in der Welt gehen sehen.

31.
Und jene, die sich von Gräsern nähren, werden die Nacht zum Tag werden lassen.
Unschlitt.

32.
Und viele Tiere der Erde und des Wassers werden unter die Sterne aufsteigen.
Und zu Sternbildern.

33.
Man wird sehen, wie Tote die Lebenden in verschiedene Richtungen tragen.
Die Karren und Schiffe.

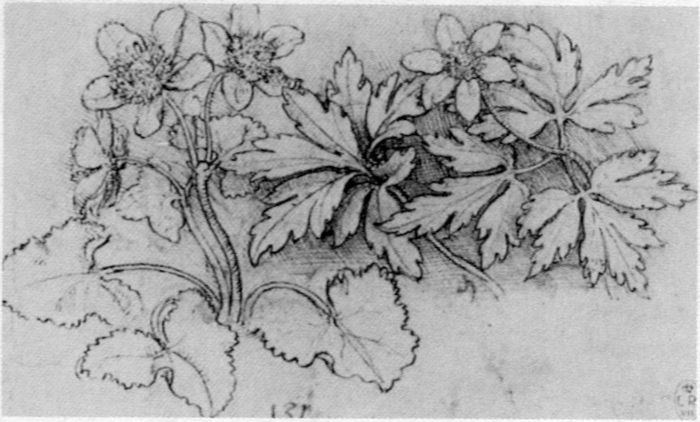

34.
Vielen wird die Speise aus dem Munde geholt werden.
Aus den Backöfen.

35.
Und jenen wird die Speise aus dem Mund genommen, die ihn sich von anderen Händen füllen ließen.
Der Backofen.

36. Von verkauften Kruzifixen.
Ich sehe Christus aufs neue verkauft und gekreuzigt und seine Heiligen gemartert.

37. Die Ärzte, die von den Kranken leben.
Die Menschen werden so armselig leben, daß sie gnädig annehmen, wenn andere von ihren Leiden oder vom Verlust ihres wahren Reichtums profitieren.
Nämlich von ihrer Gesundheit.

38. Von der Frömmigkeit der Mönche, die von ihren längst verstorbenen Heiligen leben.
Jene, die tot sein werden, werden in tausend Jahren diejenigen sein, die vielen Lebenden zum Unterhalt verhelfen.

39. Von den Steinen, aus denen man, so sie zu Kalk geworden, Gefängnisse mauert.
Viele, die vom Feuer vernichtet worden sind, raubten in früherer Zeit vielen Menschen die Freiheit.

40. Von den Kindern, die gesäugt werden.
Manch ein Franziskus, Dominik oder Benedikt wird das zu sich nehmen, was andere erst kürzlich eingenommen haben, und das wird er viele Monate tun, ehe er sprechen kann.

41. Von Muscheln und Schnecken, die vom Meer verschmäht in ihren Schalen faulen.
Oh, es werden viele sein, die tot in ihren eigenen Häusern verfaulen und ihre Umgebung mit üblem Gestank erfüllen.

42.
Alle Dinge, die im Winter geboren und von Schnee bedeckt bleiben, werden im Sommer offenbar.
Das gilt für die Lüge, die man nicht verbergen kann.

43. Von den Dohlen und Staren.
Die es wagen werden, in ihrer Nähe zu leben, werden, da sie in großen Schwärmen auftreten, fast alle eines grausamen Todes sterben.

44. Von den Bauern, die beim Arbeiten ein Hemd tragen.
Eine große Düsternis wird aus östlicher Richtung kommen, die den Himmel, der über Italien steht, dunkel verfärben wird.

45. Von den Barbieren.
Alle Menschen werden nach Afrika fliehen.

46. Gebot.
Schaffe Ordnung sowohl Monat für Monat als auch unter den gewohntesten Umständen, und so verfahre Tag und Nacht.

47. Von den Schnittern.
Viele werden es sein, die, eine scharfe Sense in der Hand, sich gegeneinander bewegen. Sie werden keinen weiteren Schaden erleiden als den der Müdigkeit, denn so weit der eine vorwärts schreitet, zieht sich der andere zurück. Und dem wird es böse ergehen, der sich in deren Mitte begibt, da er am Ende in Stücke geschnitten wird.

48. Die Seidenspindel.
Man wird klagende Rufe hören, lautes Geschrei, die rauhen und heiser gewordenen Stimmen derer, die qualvoll beraubt werden und schließlich entblößt und regungslos übrigbleiben: und all das wird geschehen durch den Beweger, der alles dreht.

49. Vom Ein- und Ausschieben des Brotes durch den Mund des Backofens.
In allen Städten, Orten, Schlössern, Villen und Häusern wird man Menschen sehen, die aus Gier nach Nahrung sie aus dem Mund anderer reißen werden, die sich in keinster Weise werden wehren können.

50. Die gepflügte Erde.
Man wird die unterste Erde nach oben gekehrt sehen und den entgegengesetzten Hemisphären zugekehrt und die Löcher wildester Tiere freigelegt finden.

51. Vom Säen.
Dann wird ein großer Teil der Menschen, die noch am Leben sein werden, ihre Nahrungsmittel als freie Beute für die Vögel und die Tiere der Erde aus den Häusern werfen, ohne sich weiter um sie zu kümmern.

52. Vom Regen, der die Flüsse anschwellen und die Erde mit sich tragen läßt.
Regengüsse werden vom Himmel kommen, die einen großen Teil Afrikas verändern, und die sich vom selben Himmel über Europa zeigen werden; und die von Europa nach Afrika gerichteten und jene der Provinzen werden sich in großem Aufruhr miteinander vermischen.

53. Von den Ziegel- und Kalköfen.
Am Ende wird die Erde sich rot färben von der Tage anhaltenden Zündglut, und die Steine werden sich in Asche verwandeln.

54. Von den Holzscheiten, die verbrennen.
Die Bäume und Büsche der großen Wälder werden sich in Asche verwandeln.

55. Die gesottenen Fische.
Die Tiere des Wassers werden in brodelnden Gewässern sterben.

56. Die Oliven, die von den Bäumen fallen, geben uns das Öl, welches Licht macht.
Heftig wird vom Himmel fallen, was uns Nahrung und Licht geben wird.

57. Von den Uhus und Käuzchen, mit denen man auf der Leimrute Vögel fängt.

Viele werden mit zertrümmertem Schädel ums Leben kommen, und häufig werden ihnen die Augen aus dem Kopfe springen angesichts schrecklicher Tiere, die aus der Dunkelheit gekommen.

58. Vom Leinen, aus dessen Lumpen Papier wird.

Die Lehren desjenigen werden hochgeachtet und mit Ehrfurcht und Liebe angehört, welcher zuvor gebunden, gequält und mit mancherlei verschiedenartigen Schlägen gemartert wurde.

59. Von den Büchern, die Lehren verkünden.

Die Körper ohne Seele werden uns durch ihre Aussagen nützliche Regeln für ein gutes Sterben erteilen.

60. Von den Geprügelten und Gedroschenen.

Die Menschen werden sich unter den Schalen der entrindeten Pflanzen verstecken, und vor Martern schreiend werden sie ihre Glieder eigenhändig geißeln.

61. Vom Luxus.

Die Menschen werden sich wegen der schönsten Dinge in die Haare geraten, so daß sie die häßlichsten Mittel anwenden, sie zu erwerben und zu besitzen; später aber, wenn Reue und Verzweiflung ihre Gefühle wieder bestimmen, werden sie sich sehr über sich selbst wundern.

62. Vom Geizigen.
Viele werden es sein, die mit allem Fleiß und Eifer das ungestüm verfolgen, das sie immer abstieß, ohne das Böse dabei zu erkennen.

63. Von den Menschen, die umso geiziger werden, je mehr sie altern, und, da sie nicht mehr lange leben können, freigebig werden sollten.
Man wird jene Menschen, die reich an Erfahrung und klug im Urteil sind, mit umso größerer Gier immer wieder nach den Dingen suchen sehen, je weniger sie ihrer bedürfen.

64. Von der Grube.
Rasend oder wütend vorzutragen, als wäre man geisteskrank. Viele werden damit beschäftigt sein, etwas von einer Sache wegzunehmen; und um so größer wird sie werden, je mehr man von ihr genommen.

65. Von der Last, die auf den Daunen liegt.
Und an vielen Körpern wird man erkennen, daß sie sichtbar wachsen, wenn sich der Kopf von ihnen hebt; wird ihnen der erhobene Kopf aber wieder zurückgegeben, verlieren sie sofort an Größe.

66. Vom Fangen der Läuse.
Es wird viele Jäger von Tieren geben, die, je mehr sie fangen, umso weniger von ihnen haben werden, und auch umgekehrt umso mehr, je weniger sie fangen.

67. Vom Wasserschöpfen mit zwei Eimern an einem einzigen Strick.
Manche werden mit einer Sache beschäftigt sein, die, je mehr sie davon heranziehen, umso mehr von ihr in entgegengesetzter Bewegung entschwinden wird.

68. Die Wurst, die in die Därme steigt.
Viele werden sich ein Haus aus Därmen bauen, und in ihren eigenen Därmen wohnen.

69. Die Zungen von Schweinen und Kälbern in Därmen.
Oh, was für eine widerliche Sache, wenn man die Zunge eines Tieres im Darm eines anderen sieht.

70. Von den Sieben, die aus Tierhäuten gemacht.
Man wird sehen, wie die Nahrung von Tieren durch ihre Häute gehen wird, an jeder Stelle, bis auf den Mund, und am entgegengesetzten Ende auf den Erdboden fällt.

71. Von den Laternen.
Die grausamen Hörner der mächtigen Stiere werden das nächtliche Licht gegen die heftige Wut der Stürme verteidigen.

72. Von den Federn in den Betten.
Die gefiederten Tiere werden die Menschen auf ihren eigenen Federn tragen.

73. Menschen, die sich auf Bäumen bewegen, da sie in Holzschuhen gehen.

Der Schlamm wird so tief sein, daß die Menschen auf den Bäumen ihrer Gegend gehen werden.

74. Von den Sohlen der Schuhe, die vom Ochsen stammen.

Und man wird sehen, wie in weiten Teilen des Landes Menschen auf den Häuten großer Tiere umherschreiten.

75. Von der Schiffahrt.

Es wird große Stürme geben, die Dinge aus dem Osten gegen Westen tragen, und jene in der Mitte, die sich zum großen Teil in die Strömung der Winde mengen, werden ihnen in ferne Länder folgen.

76. Von den Bildern, die angebetete Heilige darstellen.

Menschen werden zu Menschen sprechen, die nichts vernehmen; sie werden die Augen offen haben und nichts sehen; sie werden zu ihnen reden und keine Antwort bekommen; sie werden Gnade erbitten von dem, der Ohren hat und nicht hört; sie werden Lichter anzünden für den, der blind ist.

77. Vom Träumen.

Menschen werden gehen und sich nicht bewegen; sie werden zu einem sprechen, der nicht da ist; sie werden jemand hören, der nicht spricht.

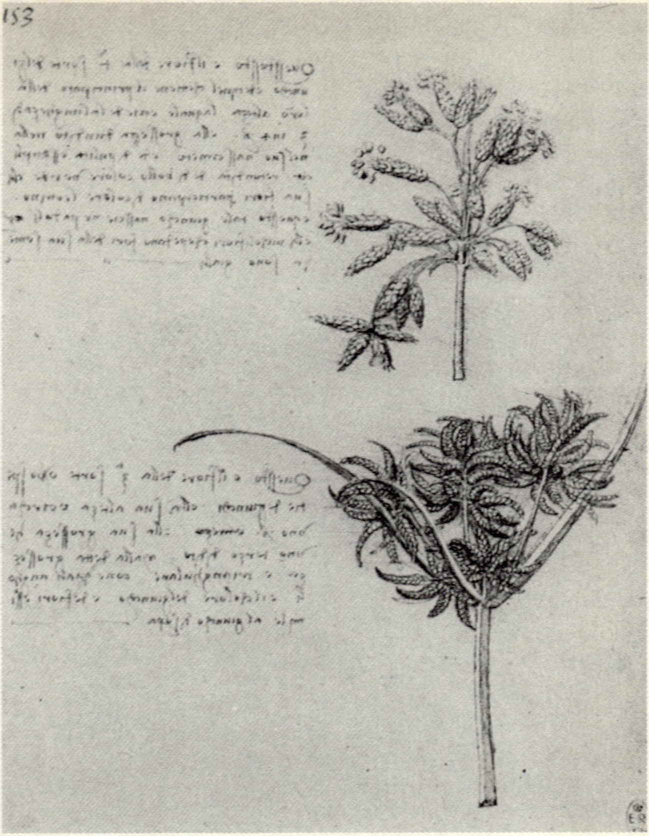
153

78. Vom Schatten, der sich mit dem Menschen bewegt.

Man wird Formen von Menschen oder Tieren sehen, die den Tieren oder Menschen folgen werden, wohin immer sie eilen, und die Bewegung des einen wird wie die des anderen sein, aber wegen der verschiedenen Größe, in die sie sich verwandelt, wird es wundersam erscheinen.

79. Von den Schatten, die die Sonne zur selben Zeit auf dem Wasser spiegelt.

Man wird oftmals sehen, wie aus einem Menschen drei werden, und alle ihm folgen: und häufig verläßt sie gerade dieser eine, der ähnlichste.

80. Von den Truhen, die viele Schätze bewahren.

Man wird in den Truhen aus Nuß und anderen Bäumen und Hölzern ungeheure Schätze finden, die darin verborgen bleiben.

81. Vom Löschen des Lichts vor dem Schlafengehen.

Viele, die den Atem zu heftig ausstoßen, werden das Augenlicht verlieren und bald darauf alles Fühlen.

82. Von den Schellen der Maultiere, die den Ohren nahe sind.

Man wird in vielen Gegenden Europas von verschieden großen Instrumenten mannigfache Harmonien erklingen hören, zum größten Mißfallen dessen, der sie aus nächster Nähe vernimmt.

83. Von den Eseln.
Gar viele Mühen werden mit Hunger vergolten werden, mit Durst und mit Ungemach und mit Stockschlägen und Stichen.

84. Von den Soldaten zu Pferde.
Man wird viele Menschen von großen Tieren in geschwindem Lauf ihrem Lebensende und dem schnellsten Tod entgegengetragen sehen.

Durch die Luft und über die Erde werden wütende Tiere in verschiedenen Farben Menschen in den Untergang ihres Lebens tragen.

85. Von den Sternen an den Sporen.
Durch die Wirkung der Sterne werden die Menschen in höchster Geschwindigkeit dahineilen und so den schnellsten Tieren ebenbürtig sein.

86. Vom Stock, der tot ist.
Die Bewegung der Toten wird viele Lebende mit Schmerz und Weinen und Schreien fliehen lassen.

87. Vom Feuerstein.
Mit Stein und Eisen wird man Dinge sichtbar machen, die bisher nicht zu sehen waren.

88. Von den Ochsen, die verschlungen werden.
Die Gutsherren werden ihre eigenen Arbeiter verschlingen.

89. Vom Klopfen des Bettes, um es in Ordnung zu bringen.

Man wird die Menschen in solcher Undankbarkeit finden, daß sie den, der ihnen kostenlos Herberge gibt, mit Schlägen überhäufen werden, so daß große Teile seines Inneren aus ihrer Stellung gerissen werden und hin- und hergedreht durch seinen Körper geschleudert werden.

90. Von den Dingen, die man vorher tötet und dann ißt.

Die sie ernähren, werden durch sie niedergemacht und erbarmungslos zu Tode gequält werden.

91. Von der Spiegelung der Stadtmauern im Wasser ihrer Gräben.

Man wird die hohen Mauern der großen Städte kopfüber in ihren Gräben sehen.

92. Vom Wasser, das trübe und mit Erde vermengt fließt; und vom Staub und Nebel, die von Luft durchdrungen sind; und vom Feuer, dessen Hitze sich mit allem mischt.

Man wird alle Elemente durch kräftiges Wälzen miteinander vermengen, bald dem Zentrum der Welt, bald dem Himmel entgegeneilen sehen, sodann aus den Ländern des Südens stürmisch dem kalten Norden entgegen, manches Mal von Ost nach West und ebenso von der einen zur anderen Hemisphäre.

93. An jedem Punkt kann man die Welt in zwei Hemisphären teilen.
Alle Menschen werden plötzlich die Hemisphäre vertauschen.

94. Jeder Punkt der Welt teilt Ost und West.
Alle Lebewesen werden sich von Ost nach West bewegen und ebenso von Norden gen Süden.

95. Von der Bewegung der Gewässer, die tote Hölzer tragen.
Körper ohne Seele werden sich von selbst bewegen, unzählbare Generationen von Toten mit sich führen und den Lebenden ringsum die Reichtümer nehmen.

96. Von den Eiern, die, so man sie verzehrt, keine Küken hervorbringen können.
Oh, wie viele werden es sein, denen es nicht gegönnt ist, geboren zu werden!

97. Von den Fischen, die man mitsamt dem Rogen ißt.
Unzählige Generationen wird der Tod ereilen, wenn sie guter Hoffnung sind.

98. Von den Tieren, die man kastriert.
Einem großen Teil der männlichen Species werden die Geschlechtsteile genommen werden, und es wird ihnen verwehrt sein, sich fortzupflanzen.

99. Von den Kühen, von denen der Käse kommt.
Man wird ihnen die Milch für die kleinen Kinder nehmen.

100. Über die Speisen, die von Schweinen gemacht.
Einem großen Teil der latinischen Frauen wird man die Köpfe abschneiden und ihnen somit das Leben nehmen.

101. Vom Klagen am Karfreitag.
In allen Teilen Europas werden große Völker den Tod eines einzigen Mannes beklagen.

102. Von den Messergriffen, die aus Widderhorn gemacht sind.
In den Hörnern von Widdern wird man scharfe Eisen sehen, mit denen man ihresgleichen das Leben nehmen wird.

103. Von der Nacht, in der man keine Farben erkennt.
Es wird soweit kommen, daß man die Farben nicht mehr wird unterscheiden können, im Gegenteil: es wird nur noch die schwarze geben.

104. Von den Schwertern und Lanzen, die an und für sich niemandem schaden.
Wer an und für sich sanft und gar nicht angriffslustig ist, wird in schlechter Gesellschaft fürchterlich und wild werden und aufs grausamste vielen Menschen das Leben nehmen; und er würde noch mehr Menschen töten, wenn nicht Körper ohne Seele, die aus ihren Höhlen kommen, sie schützten. *Nämlich die Eisenpanzer.*

105. Von Schlingen und Fallen.
Viele Tote werden sich wütend bewegen und die Lebenden fangen und binden, und sie werden sie ihren Feinden ausliefern, Tod und Vernichtung wünschend.

106. Von den Metallen.
Aus dunklen und finsteren Höhlen werden Wesen hervorkommen, die der ganzen Menschheit große Schmerzen, Gefahren und den Tod bringen werden: manchen ihrer Anhänger werden sie zwar, nach vielem Leid, wohlgefallen; und wer sich nicht mit ihnen verbündet, wird in Armseligkeit und Not sterben. Sie werden unzählige Verrätereien begehen; sie werden sich vermehren und die Menschen zu Mord, Räubereien und Niederträchtigkeiten verleiten; sie werden ihre Anhänger verdächtigen; sie werden den freien Städten die Verfassung nehmen; sie werden vielen das Leben rauben; sie werden die Menschen mit viel Arglist, Trug und Verrat untereinander aufwiegeln. O ungeheuerliche Wesen, um wieviel besser wäre es für die Menschen, wenn ihr zur Hölle zurückkehrtet! Euretwegen werden die großen Wälder ihrer Bäume beraubt, euretwegen verlieren zahllose Tiere ihr Leben.

107. Vom Feuer.
Etwas wird ganz klein beginnen und mit ungeheurer Schnelligkeit wachsen. Es wird die erschaffenen Dinge nicht achten, im Gegenteil: durch seine Stärke wird es fast alles in seiner Macht haben und dessen Zustand in einen anderen verwandeln.

108. Von sinkenden Schiffen.
Man wird riesige Körper ohne Leben Unmengen von Menschen eilig in den Untergang deren Lebens tragen sehen.

109. Vom Briefeschreiben aus einem Land in ein anderes.

Menschen aus den entlegensten Ländern werden miteinander sprechen und sich antworten.

110. Von den unendlichen Hemisphären, die von unendlichen Linien geteilt werden, so daß stets jedermann eine dieser Linien zwischen den beiden Füßen hat.

Die Menschen werden miteinander reden, einander berühren und umarmen von der einen bis zur anderen Hemisphäre, und man wird ihre Sprachen gegenseitig verstehen.

111. Von den Priestern, die die Messe lesen.

Es wird viele geben, die sich aufs reichste kleiden, während sie ihren Beruf ausüben, und es wird aussehen, als würden die heiligen Wandbehänge ein zweites Mal gebraucht.

112. Von den Klosterbrüdern, die die Beichte anhören.

Unglückliche Frauen werden freiwillig den Männern ihre Ausschweifungen und beschämendsten und geheimsten Missetaten offenbaren.

113. Von den Kirchen und Wohnungen der Mönche.

Viele werden es sein, die ihren Beruf, ihre Arbeit und ihr armseliges Leben aufgeben, da sie hingehen werden, um in reichen und glänzenden Gebäuden zu wohnen, und sie werden erklären, daß dies das Mittel sei, das sie Gott gefällig mache.

114. Vom Verkaufen des Paradieses.
Unendlich viele Menschen werden öffentlich und friedlich Dinge von größtem Wert ohne Erlaubnis des Besitzers verkaufen, Dinge, die weder ihnen gehörten noch jemals in ihrer Gewalt waren; und diesem Tun wird die menschliche Justiz keinerlei Einhalt gebieten.

115. Von den Toten, die zu Grabe getragen werden.
O menschliche Dummheit, o lebender Schwachsinn! Die einfältigen Leute werden ein Unzahl Lichter tragen, um den Weg für jene zu beleuchten, die ihre Sehkraft gänzlich verloren haben.

116. Von der Mitgift der Mädchen.
Während man früher die weibliche Jugend gar nicht vor der Wollust und Begierde der Männer schützen konnte, nicht durch die Wachsamkeit der Eltern, nicht durch die Stärke von Mauern, wird die Zeit kommen, daß die Eltern und Verwandten der Mädchen demjenigen hohe Preise zahlen, der mit ihnen schlafen will, selbst wenn dieser reich, edel und der Schönste wäre. Sicher, es scheint, als wollte die Natur das menschliche Geschlecht auslöschen, weil es unnütz für die Welt ist und alles Geschaffene vernichtet.

117. Von der Grausamkeit des Menschen.
Man wird auf der Erde Tiere sehen, die mit den größten Verlusten und vielen Todesopfern auf beiden Seiten fortwährend miteinander kämpfen werden. Und ihre Bosheit wird grenzenlos sein; man wird einen großen Teil aller Bäume in den riesigen Wäldern der ganzen Welt durch ihre starken Glieder vernichtet sehen; und

wenn sie hungrig sind, wird die Nahrung ihrer Gelüste darin bestehen, jedem Lebewesen Tod und Gram und Ungemach und Angst und Schrecken zuzufügen. Und in ihrem maßlosen Hochmut werden sie danach streben, sich zum Himmel zu erheben, aber die übermäßige Schwere ihrer Glieder wird sie unten festhalten. Nichts mehr wird es auf Erden geben oder unter der Erde oder in den Wassern der Erde, was nicht verfolgt, beseitigt und vernichtet und von einem Land in ein anderes verschleppt werden wird. Und ihr Leib wird Grab und Durchgang werden für alle lebenden Körper, die sie getötet haben. O Erde, warum öffnest du dich nicht, um sie in den Tiefen deiner Schlünde und Abgründe zu begraben und dem Himmel nicht mehr ein so grausames und ruchloses Unwesen zu zeigen?

118. Von der Schiffahrt.
Man wird die Bäume der endlosen Wälder des Taurus und Sinai, des Apennins und des Atlas durch die Luft gleiten sehen, von Ost nach West und von Nord nach Süd, und dabei eine große Menge von Menschen durch die Luft tragen.

Oh, wieviele Gelübde, oh, wieviele Tote, oh, wieviele Trennungen von Freunden und Verwandten wird es geben! Oh, wieviele werden es sein, die nie mehr ihre Heimat wiedersehen werden und nicht mehr ihr Vaterland, die sterben werden, ohne ein Begräbnis zu haben, und deren Knochen in den verschiedensten Gegenden der Welt zerstreut liegen werden.

119. Vom Umzug zu Allerheiligen.
Viele werden die eigenen Häuser verlassen, all ihre Wertsachen mit sich nehmen und sich in anderen Gegenden niederlassen.

120. Von Allerseelen.
Und viele werden es sein, die ihre Ahnen beweinen und ihnen Lichter bringen werden!

121. Von den Mönchen, die für die Worte, die sie ausgeben, große Reichtümer erhalten, da sie das Paradies versprechen.
Die unsichtbaren Münzen werden viele von denen, die sie ausgeben, selig machen.

122. Von den Bögen, die aus Rinderhorn gemacht.
Viele werden es sein, die durch die Rinderhörner grausam sterben werden.

123. Von den Christen.
Viele, die den Glauben an den Sohn bekennen, werden im Namen der Mutter Gotteshäuser errichten.

124. Von der Speise, die lebendig war.
Ein großer Teil lebendiger Körper wird durch die Körper anderer Wesen gehen; das heißt: unbewohnte Häuser werden stückweise durch bewohnte Häuser gehen, ihnen Nützliches geben und Schadhaftes mit sich forttragen.
Mit anderen Worten: Das Leben des Menschen ist aus den gegessenen Dingen gemacht, die den Teil des Menschen, der abgestorben ist, mit sich nehmen.

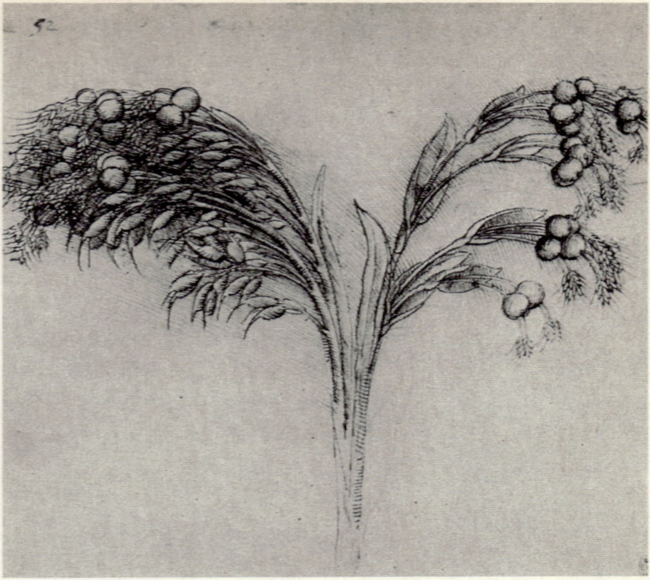
52

125. Von den Menschen, die zwischen den Brettern des Baumes schlafen.

Die Menschen werden schlafen und essen und wohnen zwischen den Bäumen, die in den Wäldern und auf den Feldern wachsen.

126. Vom Träumen.

Die Menschen werden glauben zu sehen, daß der Himmel erneut herabfällt; sie werden meinen, sich mit Flügeln zu ihm emporzuheben, dann aber mit Angst die Flammen fliehen, die von ihm herabkommen; sie werden alle möglichen Tiere in menschlicher Sprache reden hören; sie werden im Nu in eigener Gestalt, ohne sich zu bewegen, verschiedene Teile der Welt durcheilen; sie werden in der Finsternis ungeheure Herrlichkeiten erblicken. O Wunder der Menschheit, welcher Wahnsinn hat dich geführt? Du wirst mit allen möglichen Tieren reden, und diese mit dir in menschlicher Sprache; du wirst dich von hoch oben fallen sehen, ohne Schaden zu nehmen, die Wildbäche werden dich geleiten ...

127. Von den Ameisen.

Diese werden viele Völker bilden, die sich, ihre Kinder und Nahrungsmittel in dunklen Höhlen verbergen werden; und dort in den finsteren Orten, werden sie sich und ihre Familien viele Monate ernähren, ohne jedwedes Licht, sei es künstlich, sei es natürlich.

128. Von den Bienen.
Und viele andere werden ihrer Vorräte und ihrer Nahrung beraubt werden, und sie werden grausam von Menschen ohne Vernunft ertränkt und vernichtet werden. O Gerechtigkeit Gottes, warum erwachst du nicht, um deine Geschöpfe so mißhandelt zu sehen?

129. Von Schafen, Kühen, Ziegen und dergleichen.
Ungezählten von ihnen werden die kleinen Kinder weggenommen, geschlachtet und grausamst gevierteilt werden.

130. Von Nüssen, Oliven, Eicheln, Kastanien und dergleichen.
Viele Kinder werden mit grausamen Schlägen den Armen ihrer Mütter entrissen, zu Boden geworfen und zerfleischt werden.

131. Von Kindern in Wickelbändern.
O Städte am Meer, ich sehe eure Bürger, männliche wie weibliche, an Händen und Füßen mit starken Banden gefesselt von Menschen, die eure Sprache nicht verstehen, und ihr werdet euer Leid und eure verlorene Freiheit nur durch gegenseitiges schmerzliches Klagen, Weinen und Jammern erleichtern können, denn die, die euch binden, werden euch nicht verstehen, und ihr werdet sie nicht verstehen.

132. Von Katzen, die Mäuse fressen.
In euch, ihr Städte Afrikas, wird man sehen, wie eure Bürger in ihren eigenen Häusern von den grausamsten und raubgierigsten Tieren eures Landes zerrissen werden.

133. Von den geprügelten Eseln.

O wahrlose Natur, warum bist du deinen Kindern gegenüber so voreingenommen und gibst den einen eine barmherzige und gütige Mutter, den anderen aber die grausamste und erbärmlichste Stiefmutter? Ich sehe, wie deine Kinder in eine Knechtschaft geraten ohne jegliche Wohltat; ich sehe, wie sie anstelle einer Belohnung für geleistete Dienste mit den schlimmsten Martern bezahlt werden; und ich sehe, wie sie immer wieder ihr Leben zum Wohl ihrer Übeltäter verwenden.

134. Einteilung der Prophezeiung.

Erstens: von den Handlungen der vernunftbegabten Lebewesen, zweitens: von denen der vernunftlosen, drittens: von den Pflanzen, viertens: von den feierlichen Handlungen, fünftens: von den Gebräuchen, sechstens: von Ereignissen oder Bestimmungen oder Auseinandersetzungen, siebtens: von den Begebenheiten, die es in der Natur nicht geben kann, wie zum Beispiel davon: »Je mehr man von jener Sache wegnimmt, desto größer wird sie.« Aber behalte dir die wichtigen Handlungen für den Schluß vor und stelle die unwichtigen an den Anfang und weise zuerst auf die Übel hin und dann auf die Strafen. Achtens: von den philosophischen Dingen.

135. Von Totenmessen, Begräbnissen, Prozessionen, Lichtern, Glocken und Ehrengeleiten.

Den Menschen werden, ohne daß sie davon wissen, große Ehren und Zeremonien erwiesen werden.

136. Gemeiner Brauch.
Einem kleinlichen Menschen wird man schmeicheln, und die Schmeichler werden immer zu Betrügern, Räubern und Mördern dieses kleinlichen Menschen werden.

137. Das Aufleuchten der Sonnenstrahlen.
Es wird etwas sichtbar werden, und der, der es zu verhüllen glaubt, wird von ihm umhüllt werden.

138. Von Geld und Gold.
Aus abgründigen Löchern wird hervorgehen, was alle Völker der Welt in Schweiß treiben wird, und sie werden sich in großen Leiden, Ängsten und Mühen plagen, damit es sie belohnen möge.

139. Von der Furcht vor Armut.
Das Üble und Schlimme wird den Menschen so viel Entsetzen einflößen, daß sie ihm wie närrisch zu entfliehen trachten, jedoch rasch vor deren unermeßlicher Kraft Anker werfen.

140. Vom Rat.
Und der, dem der Rat am nötigsten sein wird, der ihn bedürfen wird, dem wird er unbekannt sein, und wenn er ihn kennt, plump mißachtet.

141. Von der Prophezeiung.
Alle Sterndeuter werden Kastraten.
Nämlich junge Hähne.

142.
Ich werde ein Wort sagen oder zwei oder zehn oder mehr, wie es mir gefällt, und ich will, daß mehr als tausend Personen in derselben Zeit dasselbe sagen, daß sie nämlich gleichzeitig das sagen, was ich sage, und mich nicht sehen werden und auch nicht hören werden, was ich mir sage.
Es werden die von dir aufgezählten Stunden sein; und wenn du eine sagtest, würden alle jene, die wie du die Stunden zählen, dieselbe Zahl nennen wie du in derselben Zeit.

143. Von den Nattern in den Schnäbeln der Störche.
Man wird hoch oben in der Luft Schlangen mit Vögeln kämpfen sehen.

144. Von den Bombarden, die aus der Grube und der Gußform kommen.
Aus der Erde wird hervorkommen, was mit furchtbarem Krach die nächst Umstehenden entsetzen und mit seinem Atem die Menschen töten und Städte und Kastelle zerstören wird.

145.
Der wird ertränkt werden, der das Licht für den Gottesdienst bereitet.
Die Bienen, die das Wachs für die Kerzen machen.

146.
Tote werden aus der Erde hervorkommen, und mit ihren wilden Bewegungen werden sie unzählige menschliche Geschöpfe aus der Welt jagen.
Das Eisen, das man aus der Erde hervorholt, ist tot, doch daraus macht man Waffen, die so viele Menschen getötet haben.

147.
Die höchsten Berge, und wenn sie noch so weit vom Meeresstrand entfernt sind, werden das Meer von seinem Platz vertreiben.
Das sind die Flüsse, welche die Erde bringen, die sie den Bergen weggenommen haben, und die sie am Meeresstrand abladen; und wo diese Erde sich setzt, flieht das Meer.

148.
Das aus den Wolken gefallene Wasser wird, wie es seiner Natur entspricht, lange Zeit auf den Berghängen liegenbleiben, ohne sich zu bewegen. Und das wird in vielen verschiedenen Gegenden geschehen.
Der Schnee, der in Flocken fällt und Wasser ist.

149.
Die großen Felsen der Berge werden Feuer speien, so daß sie das Holz vieler riesiger Wälder und viele wilde und zahme Tiere verbrennen werden.
Der Flintenstein, der das Feuer macht, welches alles Holz verbrennt, die Wälder verwüstet und mit dem man auch das Fleisch der Tiere braten wird.

150.
Oh, wie viele große Gebäude werden durch Feuer zerstört werden!
Durch das Feuer der Bombarden.

151.
Die Ochsen werden zum großen Teil Ursache für den Untergang der Städte sein, aber auch Pferde und Büffel.
Sie ziehen die Bombarden.

152.
Viele werden es sein, die in ihrem Stürzen wachsen.
Der Schneeball, der über den Schnee rollt.

153.
Groß wird die Schar jener sein, die ihren Namen und ihr Dasein vergessen, und wie Tote auf den Gewandstücken von anderen Toten liegen werden.
Beim Schlafen auf den Federn von Vögeln.

154.
Man wird die östlichen Teile zu den westlichen und die südlichen nach dem Norden eilen sehen, und so das ganze Universum durch den Lärm und die Erschütterung und die Gewalt durcheinander bringen.
Der Ostwind, der nach Westen rast.

155.
Die Sonnenstrahlen werden auf der Erde das Feuer entzünden, mit dem das, was sich unter dem Himmel befindet, erglühen wird; und nachdem sie ihr Hindernis durchquert haben, werden sie in die Tiefe eingehen.
Der Hohlspiegel entzündet das Feuer, mit dem man den Backofen erhitzt, der einen Boden hat, der sich unter seinem Himmel befindet.

156.
Ein großer Teil des Meeres wird gegen Himmel steigen und lange Zeit nicht zurückkehren.
Steht für die Wolken.

157. Vom Korn und anderen Samen.
Die Menschen werden aus den eigenen Häusern Nahrungsmittel werfen, die dazu bestimmt waren, ihr Dasein zu unterhalten.

158. Von den Bäumen, die Pfropfreiser nähren.
Man wird Väter und Mütter den Stiefkindern viel mehr Vorteile gewähren sehen als ihren wahren Kindern.

159. Von den Weihrauchgefäßen.
Jene, die mit anmaßenden Gesten in weißen Gewändern umhergehen, werden mit Metall und Feuer andere bedrohen, die ihnen nicht den geringsten Schaden zugefügt.

160. Von den Zicklein.
Die Zeit des Herodes wird wiederkommen, denn die unschuldigen Kindlein werden ihren Ammen entrissen und an großen Wunden sterben, die ihnen von grausamen Menschen zugefügt.

161. Vom Mähen des Grases.
Ungezählte Leben werden erlöschen und zahllose Lükken in der Welt aufreißen.

162. Vom Leben der Menschen, die alle zehn Jahre ihren Körper verändern.
Die Menschen werden tot durch die eigenen Eingeweide wandern.

163. Von den Schläuchen.
Die Ziegen werden den Wein in die Städte führen.

164. Die Schuster.
Die Menschen werden mit Vergnügen sehen, wie ihre eigenen Werke verderben und vergehen.

165. Vom Schatten, den der Mensch des Nachts durch das Licht wirft.
Riesige Figuren in menschlicher Gestalt werden erscheinen, und je näher sie dir kommen, desto mehr werden sie von ihrer ungeheuren Größe verlieren.

166. Von den Maultieren, die reiche Summen an Gold und Silber tragen.
Viele Schätze und große Reichtümer werden auf Tiere mit vier Beinen gebunden sein, die sie an verschiedene Orte tragen werden.

167. Vom Rat und von der Armut.
Da gibt es eine Sache, die, je öfter man sie nicht braucht, sich umso mehr zurückzieht. Und das ist der Rat; er wird ungern von denen gehört, die ihn dringend benötigen, und zwar von den Ignoranten.

Und da gibt es noch eine Sache, die, je mehr du sie fürchtest, dich umso heftiger packt. Das ist die Armut: sie macht dich umso unglücklicher und ruheloser, je mehr du sie fliehst.

168.
Was ist das: Es ist von den Menschen sehr begehrt, und wenn sie es besitzen, können sie es nicht mehr erkennen.
Es ist der Schlaf.

169.
Der Wein ist gut, aber das Wasser im Überfluß.
Bei Tisch.

170. Das Licht einer Kerze.
Es gibt etwas, das aufsteigt, du weißt wie hoch, und niemals seine Größe vermindert.

171. Das Feuer.
Und da gibt es noch etwas, das umso schlimmer und böser ist, je näher du ihm rückst.

172. Von den Bienen.(Fragment)
Sie leben in Völkern zusammen; man ertränkt sie, um ihnen den Honig zu nehmen. Viele riesige Völker werden in ihren eigenen . . . (Wohnungen ertränkt werden).

173.
Ich bin der, der vor dem Vater ersproß;
der dritte Teil von toten Menschen;
hierauf zurückgekehrt in meiner Mutter Schoß.

174.
O Moro,
ich sterbe,
wenn du mich nicht liebst mit deiner Moral;
denn nur das Leben schmerzt mich!

NACHWORT

Die vorliegende Übersetzung folgt in den Teilen »Bestiarium« und »Fabeln« der Ausgabe *Bestiario Favole,* die Luigi Malerba in der Edizioni dell'Elefante bei Enzo Crea in Rom 1986 herausgebracht hat. Für die Abschnitte »Schwänke« und »Prophezeiungen« wurde der Band *Scritti letterari,* erschienen in der Biblioteca Universale Rizzoli (L 11), Mailand [4]1987, herausgegeben von Augusto Marinoni, verwendet. Eine weitergehende, möglicherweise gesamte Ausgabe der literarischen Schriften Leonardos wäre vielleicht »eine elegante, aber unvorsichtige Leichtfertigkeit ... ein Lektüreangebot von subtiler Impertinenz eines Verlegers« gewesen (Luigi Malerba im Vorwort).

Zum Bestiarium und zu den Fabeln ist anzumerken, daß Luigi Malerba dort, wo keine Überschriften existierten, eigene hinzufügte. Für die Schwänke folgte die Herausgeberin diesem Beispiel.

Die Schwänke, manche auch als »schöne Schwänke« bezeichnet (Notiz auf einem Foglio des Codex Atlanticus) und deshalb auch in dieser Publikation so als Kapitelüberschrift, gehören in Leonardos Werk, auch wegen ihrer geringen Anzahl, zu den weniger auffälligen Schriften. Von insgesamt 26 existierenden Schwänken sind hier 23 abgedruckt: Nummer 4 (der ital. Ausgabe) wurde nicht aufgenommen, da sie lediglich eine kurze Zusammenfassung des voranstehenden Schwanks darstellt (»Die Augen und ihre Farbe«); auf Nr. 21 wurde verzichtet, da es sich nur um eine Frage handelt(Perché li Ungheri tengan la croce doppia?), welcher zudem die

Antwort fehlt; und Nr. 23, da es sich um eine sehr kurze Notiz handelt, deren historische Anspielung nicht weiter ausgeführt ist (Facezia dell'arciprete di Santa Maria del Monte ...).

In seinen Schwänken begibt sich Leonardo da Vinci nicht auf die Suche nach kosmischen Geheimnissen und naturwissenschaftlichen Zusammenhängen. Die Schwänke sind vielmehr Miniaturen seiner Zeit, die den Menschen im Vordergrund zeigen, den Menschen, wie er humorvoll, witzig und satirisch mit seinen Freunden plaudert. Die von Leonardo skizzierten Menschen sind aber wohl Einzelgänger, solche, die nicht an das Streben nach Freiheit oder echte Menschlichkeit denken. Die Miniaturen führen uns Prahler, Aufschneider, Schlitzohren, Besserwisser, Faulpelze und Taugenichtse vor, eine bunte Palette von bizarren Figuren, die auch zu Modellen einiger seiner kleinen Portraitzeichnungen wurden.

Die Prophezeiungen Leonardos da Vinci gehören wohl zu dem Ungewöhnlichsten, was er notiert hat, sie könnten auch unter die Überschrift »Rätsel« gestellt werden. Das »Deutsche Wörterbuch« von Jacob und Wilhelm Grimm verzeichnet unter Prophezeiung (Bd. 13, Sp. 2168): »Prophezeiung, oder deren ganzes, allwissenheit, ist nach unserem gefühl etwas höheres als bloszes vollständiges erkennen der Ursache.« (Jean Paul, Vorschule der Ästhetik I, 76 Anm.) Und ein Rätsel? Ebenfalls bei Grimm (Bd. 14, Sp. 195) steht ein Zitat von Georg Philipp Harsdörffer: »Der rähtsel oder wie etliche sagen die rätzsel ist eine tunkle frage oder aufgabe deren deutung errahten werden soll.« Beide Erklärungen sind zutreffend für Leonardos extravagant-närrische Produkte, für die er, mit wenigen Ausnahmen, die Form des Futur gewählt hat, eine Zeitform, die den prophetischen Charakter deutlich zum Ausdruck bringt.

Die Reihenfolge der vollständig abgedruckten Prophezeiungen folgt wieder der italienischen Ausgabe, den Scritti letterari; auch hier sind ein paar Anmerkungen vonnöten:

Bei Nummer 44 (»Von den Bauern, die beim Arbeiten ein Hemd tragen«) und bei Nummer 45 (»Von den Barbieren«) wird der Zusammenhang zwischen Titel und »Prophezeiung« nicht klar, er bleibt rätselhaft; bei den Nummern 167 bis 172 handelt es sich eindeutig um Rätsel, die auch nicht mehr in der Zeitform der Prophezeiungen geschrieben sind – ihr Verb steht nicht im Futur. Nummer 172 ist außerdem ein Fragment, das sowohl im Bestiarium als auch in den Fabeln hätte stehen können. Das Rätsel 173 ist über fünf anderen, inhaltlich nicht passenden Zeilen, in der oberen Ecke der letzten Seite des Codex Madrid I notiert. Es handelt sich hierbei um einen Dreizeiler eines elffüßigen Reims. Die Prophezeiung 174 ist ein seltsames Wortspiel mit »Moro«: O Moro, io moro, se con tua moralità non mi amari; tanto il vivere m'è amaro! Wahrscheinlich scherzt Leonardo mit dem Namen seines Gönners »Lodovico il Moro«. Sehr häufig stellt Leonardo hinter seine Prophezeiung eine Deutung oder eine Auflösung, um dies deutlich zu machen, wurde hier kursiv gesetzt.

Es ist durchaus wahrscheinlich, daß Leonardo seine bizarren Kurztexte aufschrieb, um am Hofe von Lodovico il Moro die Gesellschaft zu unterhalten. So würde sich die Notiz zu Nr. 64 erklären, die offensichtlich eine

Regieanweisung für den Vortrag ist: »Rasend oder wütend vorzutragen, als wäre man geisteskrank.«

Inhaltlich entsprechen die Prophezeiungen ganz und gar Leonardos naturwissenschaftlichen und kosmischen Überlegungen, er dachte seiner Zeit in genialer Weise voraus. Sein Interesse gilt vornehmlich den Elementen, und hier vorzugsweise den beweglichen, wie zum Beispiel dem wildströmenden Wasser. Diesem Gefühl der Bewegung hat er in seinen Bildern immer wieder Ausdruck verliehen, sei es in seinen Wasserstudien, die in einer Sintflut-Serie enden, oder auch abstrahiert in den Blüten und Ranken, aus denen man ebenfalls die Energie des Wassers begreifen kann.

Immer wieder ist es die Natur und auch der Mensch in der Natur, was ihn fesselt. Möglicherweise war es seine homoerotische Neigung, die ihn Fruchtbarkeit »nur« als künstlerische Produktivität erfahren ließ, daß er häufig vom Baum (als Vater) und seinen Kindern so spricht, als handle es sich um Menschen; das, was Leonardo in seinem Leben selbst nicht erreichen konnte (Kinder), hat in seinen Prophezeiungen, aber auch in den Fabeln fast immer ein schlimmes Ende. (Siehe z. B. »Der gesteinigte Nußbaum«). Was Leonardo aber anregte, seine apokalyptischen Visionen zu beschreiben, läßt sich nur schwer feststellen. Sicher ist, daß Leonardo selbst schwerste Katastrophen miterlebte, die schweren Stürme in der Toscana am 3. Juli 1514 und in den italienischen Alpen. Die Vermutung, daß ihn diese Naturschauspiele dazu bewegten, Visionen vom Untergang der Welt zu zeichnen und auch aufzuschreiben, liegt nahe. Es lag ihm aber auch daran, diese apokalyptischen Vorgänge der Natur zu zergliedern und in ihren einzelnen Facetten darzustellen. Und diese Facetten erscheinen uns heute nicht mehr unwahrscheinlich, sie haben sich als Tatsachen erwiesen, auch dann noch, wenn Leonardo zu einer Prophezeiung eine scherzhafte Auflösung niedergeschrieben hat.

I. R.

TAFEL DER MANUSKRIPTE

Abkürzung	Bezeichnung	Standort	Datierung
Ar	Codex Arundel 263	British Museum, London	1478–1518
Atl	Codex Atlanticus	Bibl. Ambrosiana, Mailand	1492
C	Codex C	Institut de France, Paris	1490
F	Codex F	Institut de France, Paris	1508–1509
For II	Forster II	Victoria and Albert Museum, London	1505
For III	Forster III	Victoria and Albert Museum, London	1505
G	Codex G	Institut de France, Paris	1510–1516
H	Codex H	Institut de France, Paris	1493–1494
I	Codex I	Institut de France, Paris	1497–1499
K	Codex K	Institut de France, Paris	1504
L	Codex L	Institut de France, Paris	1504–1509
M	Codex M	Institut de France, Paris	1509–1512
Madrid I	Madrid 8937	Bibl. Nacional, Madrid	1493–1497/ 1503–1505
Madrid II	Madrid 8936	Bibl. Nacional, Madrid	1493
NY	Einzelblatt	Metropolitan Museum, New York	–
Tr	Codex Trivulziano	Castello Sforzesco, Mailand	1492
W	Windsor-Blätter	Royal Library, Windsor	1495–1497

Bestiarium

1	H 5r
2–4	H 5v
5–6	H 6r
7–8	H 6v
9–10	H 7r
11–12	H 7v
13–15	H 8r
16–17	H 8v
18–19	H 9r
20–22	H 9v
23–24	H 10r
25–27	H 10v
28–29	H 11r
30–32	H 11v
33–35	H 12r
36–37	H 12v
38–40	H 13r
41–44	H 13v
45–48	H 14r
49–51	H 14v
52–54	H 15r
55–56	H 17r
57–58	H 17v
59	H 18r
60–61	H 18v
62	H 19r–20v
63	H 20v–21r
64–65	H 21r
66	H 21v
67–69	H 22r
70	H 22v
71	H 22v–23r
72	H 23r
73	H 23v
74	H 24r
75–77	H 24v
78–80	H 25r
81	H 25v
82	H 25v–26r
83	H 26r
84–86	H 26v
87–92	H 27r
93–94	H 27v
95	H 48v
96	NY

Fabeln

1–5	Atl 76r.a
6–11	Atl 67r.a
12–14	Atl 67r.b
15	Atl 67v.a
16–25	Atl 67v.b
26	Atl 116v.b
27	Atl 119r.b
28	Atl 119r.a
29–35	Ar 42v
36	Atl 299v.b
37–38	Atl 175v.a
39–40	Atl 257r.b
41	For III 2r
42–43	For III 21r
44	For III 27r
45	For III 30r
46–47	For III 44v
48	For III 47r
49	For III 47v
50	H 51v
51	H 112v
52	H 44r
53	G 89r
54	L 72v
55	For III 44v
56	L cop. v

Schöne Schwänke

1	Atl 13r.d
2–4	Atl 76v.a
5	Atl 13r.a
6–7	Atl 119r.a

8	Atl 150v.b
9	Atl 300v
10–11	M 58v
12	Tr 40v
13	For II 30v
14	For II 31r
15	For III 34v
16	C 19v
17	F cop.v
18–19	W 12351r
20	Atl 313r.b
21	Madrid II 65r
22	Madrid II 77v
23	Madrid II 126v

Prophezeiungen

1–3	I 63r
4–9	I 63v
10–14	I 64r
15–21	I 64v
22–25	I 65r
26–30	I 65v
31–35	I 66r
36–39	I 66v
40–41	I 67r
42	I 39v
43	I 138v
44–45	I 139r
46–108	Atl 370r.a
109–122	Atl 370v.a
123–134	Atl 145r.a
135	Atl 145v.a
136–140	Atl 37v.c
141	Atl 367v.b
142	Atl 384v.a
143–144	Atl 129v.a
145–156	Ar 42v
157–159	Ar 212v
160	For II 9v
161–162	For II 34r
163	For II 52v
164	For II 61v
165	K 50v
166	L 91r
167	Atl 80v.a
168	I 56r
169	I 122v
170–171	Atl 348r.a
172	W 12587r
173	Madrid I 191v
174	Madrid II 141r

ZU DEN ABBILDUNGEN

Die Pflanzenstudien dieser Serie sind mit Recht berühmt für ihre Schönheit. Sie wurden zum ersten Mal 1878 in London gezeigt. Eine genaue Datierung der Entstehung ist, wie so oft im Werk Leonardos, nicht möglich, jedoch deuten Stil und Technik darauf hin, daß die Skizzen während Leonardos Arbeit an der *Schlacht von Anghiari* und danach, als vorbereitende Studien für das Bild der *Leda* angefertigt wurden. Annähernd lassen sich die Bilder daher in den Zeitraum 1503–1510 einordnen. Die Serie der Pflanzen für die *Leda* befindet sich in der Royal Library in Windsor.

ZEITTAFEL

1452	Am 15. April 1452 wird Leonardo in Vinci bei Empoli geboren.
1470–1481	Ausbildung als Maler und Bildhauer bei A. Verrocchio in Florenz. Die erste Zeichnung, eine Arnotal-Landschaft stammt aus dem Jahr 1473. Er malt die Bildnisse der *Ginevra Benci* und des *hl. Hieronymus*, sowie die unvollendete *Anbetung der Hl. drei Könige*.
1481–1500	Leonardo verläßt Florenz und geht nach Mailand in den Dienst des Herzogs Lodovico Sforza. Er malt den ersten Entwurf der *Madonna in der Felsengrotte*, danach, etwa 1495/1497 *Das letzte Abendmahl* für das Refektorium der Kirche S. Maria delle Grazie und die Ornamentation der *Sala delle Asse*.
1500–1506	Leonardo reist über Venedig (1500) nach Florenz, wo er 1502/1503 für Cesare Borgia als Kriegsbaumeister arbeitet. Er beginnt das Gemälde der *hl. Anna Selbdritt*. Leonardo erhält den Auftrag, die *Schlacht von Anghiari* für den Saal des Rathauses von Florenz zu malen, das Gemälde kommt nicht zur Ausführung. Möglicherweise entstehen in dieser Zeit die *Leda* und die *Mona Lisa*. Als Vorarbeiten für die *Leda* entstehen die *Pflanzenstudien*.
1506–1519	Im Jahr 1506 kehrt Leonardo zurück nach Mailand. Er betreibt wissenschaftliche Studien in Anatomie, Geologie und Botanik. 1507 wird Leonardo von Ludwig XII. zum »Peintre et Ingénieur« von Frankreich ernannt. 1509 entsteht das Bildnis *Johannes der Täufer*, in Rom, wo er ab 1513 wohnt, der *Heilige Johannes in der Wüste*. 1515 arbeitet er am Palast der Medici in Florenz. Einer Einladung von König Franz I. folgt er 1517 nach Frankreich. Er lebt in Cloux/Amboise, dort entstehen die Zeichnungen vom Untergang der Welt. Leonardo stirbt am 2. Mai 1519 auf Schloß Cloux.

INHALT

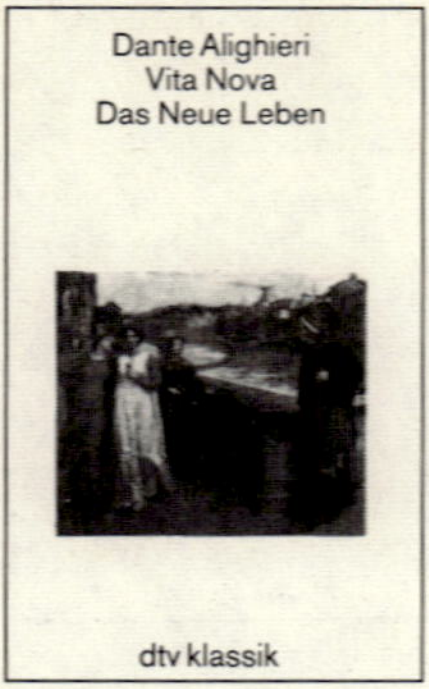

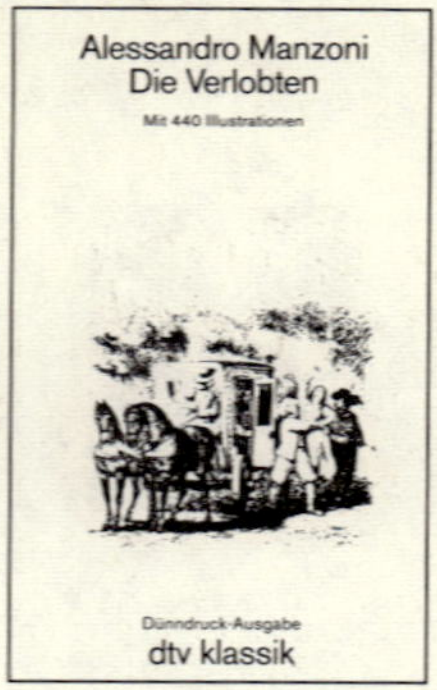

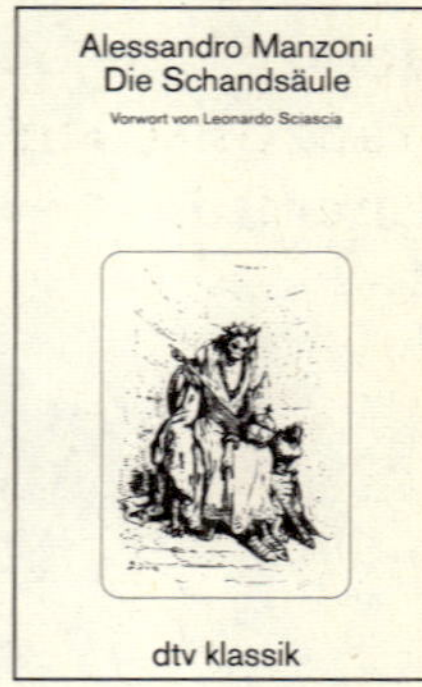

Klassiker der italienischen Literatur

Dante Alighieri:
Die Göttliche Komödie
Aus dem Italienischen übertragen von Wilhelm G. Hertz
Nachwort von Hans Rheinfelder und Anmerkungen von Peter Amelung
Dünndruck-Ausgabe
dtv 2107

La Divina Commedia – Die Göttliche Komödie
Italienisch und deutsch
Herausgegeben, übersetzt und kommentiert von Hermann Gmelin
Vollständige Ausgabe
6 Bände, 2900 Seiten
dtv/Klett-Cotta 5916

Vita nova
Das neue Leben
Nach der revidierten Übersetzung von Karl Federn herausgegeben und kommentiert von Anna Coseriu und Ulrike Kunkel
Zweisprachige Ausgabe
dtv 2199

Alessandro Manzoni:
Die Verlobten
Mit 440 Illustrationen
Mit einem Essay von Umberto Eco
Übersetzt und mit einem Nachwort versehen von Ernst Wiegand-Junker
Dünndruck-Ausgabe
dtv 2142

Die Nonne von Monza
Aus dem Italienischen übersetzt und mit einem Nachwort versehen von Heinz Riedt
dtv 2192

Die Schandsäule
Romanchronik
Mit einem Vorwort von Leonardo Sciascia
Herausgegeben und aus dem Italienischen übersetzt von Wolfgang Boerner
dtv 2205